A. WHYTE,
A. KUYPER
D. MOODY

DEUS NÃO PRECISA
DE MUITO
PARA FAZER
MUITO

CASA PUBLICADORA
PAULISTA

A. WHYTE,
A. KUYPER
D. MOODY

DEUS NÃO PRECISA DE MUITO PARA FAZER MUITO

CASA PUBLICADORA PAULISTA
Várzea Paulista - SP - Brasil
2023

© 2022 Livrarias Família Cristã LTDA.
Toda esta publicação foi desenvolvida pela Editora Penkal
Edição Exclusiva Livrarias Família Cristã

Autor: Alexander Whyte, D. L. Moody.& Abraham Kuyper

Organização: Kennedy Carvalho

Direção: Rebeca Louzada Macedo

Tradução: Brian Gordon Kibuuka

Coordenação de revisão: Isadora Berbel Gardenal

Revisão: Juliana Catarino, Bárbara Corrêa Ondei, Raphaela da Silva e Souza, Ana Clara A. de AnunciaçãoAna Santos, Raphaela Silva e Lucas dos Santos Lavísio

Projeto gráfico e diagramação: Dayane Germani

Capa: Arthur Araujo

Todas as referências bíblicas deste livro estão presentes na versão Almeida Corrigida Fiel

---

Dados Internacionais de Catalogação na Publicação (CIP)

Câmara Brasileira do Livro, SP, Brasil

Whyte, Alexander, 1836-1921

Deus não precisa de muito para fazer muito / Alexander Whyte, D. L. Moody, Abraham Kuyper ; [tradução Brian Gordon Kibuuka]

. -- Londrina, PR : Livrarias Família Cristã, 2023.

Título original: Selected texts

ISBN 978-65-5996-658-5

1. Homens na Bíblia I. Título.

ÍNDICES PARA CATÁLOGO SISTEMÁTICO:

1. Espírito Santo : Cristianismo 242.7

Aline Graziele Benitez - Bibliotecária - CRB-1/3129

Todos os direitos reservados. Nenhuma parte desta publicação pode ser reproduzida, arquivada em sistema de busca ou transmitida por qualquer meio, seja ele eletrônico, fotocópia, gravação ou outros, sem prévia autorização do detentor dos direitos, e não pode circular encadernada ou encapada de maneira distinta daquela em que foi publicada, ou sem que as mesmas condições sejam impostas aos compradores subsequentes.

SUMÁRIO

Empregada doméstica judia de Naamã - Abraham Kuyper .. 7

A mulher cananéia - Abraham Kuyper.................................... 13

Raabe - Abraham Kuyper... 19

Filha do faraó - Abraham Kuyper.. 25

O chamado de Moisés - D. L. Moody..................................... 31

O homem que nasceu cego - D. L. Moody........................ 45

José de Arimateia - D. L. Moody 61

Pedro - Alexander Whyte.. 71

O ladrão penitente - D. L. Moody. 85

Lóide - Abraham Kuyper... 107

EMPREGADA DOMÉSTICA JUDIA DE NAAMÃ

Abraham Kuyper

DEUS NÃO PRECISA DE MUITO PARA FAZER MUITO

"E saíram tropas da Síria, da terra de Israel, e levaram presa uma menina que ficou ao serviço da mulher de Naamã"

(2 Reis 5.2)

Leia: 2 Reis 5.

Como nos diz o versículo anterior, a menina serviu como cativa ou, como se poderia dizer, como escrava. Naquela época, havia um grande número de criados na casa principal, e eles eram divididos em várias categorias. Lembremo-nos de Agar e Zilpa, que eram como amas ou empregadas pessoais. Essa era a ocupação da menina a que nos referimos.

Naamã era o comandante-chefe do exército do rei da Síria. Ele ocupava uma posição semelhante à de ministro da Guerra. Após realizar campanhas vitoriosas no território de Israel, ele voltou para o seu povo carregado de despojos: entre os despojos estava essa jovem judia, por meio da qual ele deveria receber a sua cura. A natureza exata da doença de Naamã é desconhecida, embora seja chamada de lepra no livro dos Reis. Sem dúvida, era um problema de pele muito grave, embora não o impedisse de cumprir suas obrigações militares. A moça, vendo a intimidade do lar em que viviam os servos, não pôde deixar de conhecer a condição de seu senhor. Sem dúvida, ela gostava de seus senhores e tinha confiança suficiente na senhora para sugerir que em Samaria havia um profeta que poderia curar a doença. A história é uma das mais conhecidas do Antigo Testamento.

Naamã foi para a Síria e Eliseu foi o instrumento de Deus para que a sua "lepra" fosse curada. Somente o Deus de Israel poderia realizar milagres como esse.

Seu nome, a partir de então, passou a ser celebrado em Damasco. Podemos presumir que Israel não foi atacado por partidos armados da Síria enquanto Naamã fosse o comandante supremo do exército.

Resta um aspecto que pode ser notado na história: é a influência que uma empregada doméstica pode ter em uma casa. Embora o número de casas com empregadas domésticas venha diminuindo, de uma forma ou de outra, sempre há pessoas que prestam seus serviços, seja em horários específicos, ou pelo menos com certa regularidade nas casas. Babás ou amas também já não são muito comuns. As possibilidades de influenciar a casa dos senhores, sejam os próprios senhores ou os filhos, ou o ambiente familiar são muito grandes por parte da serva. Uma serva cristã que teme a Deus e tem o devido senso de responsabilidade aproveitará as muitas oportunidades que lhe forem apresentadas para dar testemunho do Senhor, como fez essa jovem judia.

DEUS NÃO PRECISA DE MUITO PARA FAZER MUITO

Perguntas sugeridas para estudo e discussão:

1. Como essa garota entrou para o serviço de Naamã?
___
___
___
___

2. Em que essa garota mostrou sua fé?
___
___
___
___

3. Qual foi o resultado do testemunho ao povo de Israel?
___
___
___
___

A MULHER CANANÉIA

Abraham Kuyper

DEUS NÃO PRECISA DE MUITO PARA FAZER MUITO

"E eis que uma mulher cananéia, que saíra daquelas cercanias, clamou, dizendo: Senhor, Filho de Davi, tem misericórdia de mim, que minha filha está miseravelmente endemoninhada"

(Mateus 15.22)

Leia: Mateus 15.21-28; Marcos 7.24-30.

Não podemos dizer pelo relato se essa mulher foi convertida. Só que Jesus elogiou sua fé e, por meio dela, libertou sua filha do Diabo, mas não sabemos se sua fé era a verdadeira fé para a salvação. Dizem que a mulher insistiu, apesar de seu pedido ter sido repetidamente rejeitado, e que finalmente Jesus concordou em atendê-la.

Portanto, não falamos da graça espiritual. Vemos que a comparação que Jesus faz dessa mulher, "atirando pão aos cachorros", a classifica como uma estranha para o povo de Israel, não pertencente à Aliança. A mulher era cananéia, descendente do antigo povo que ocupou Canaã antes da chegada dos israelitas. Ela morava perto de Tiro e Sidon, cidades de péssima reputação.

A mulher tinha fé que Jesus poderia curar sua filha. Fé em um milagre. Podemos supor que essa fé não foi produto de uma tendência natural, mas fruto da Graça comum de Deus, que permitiu o encontro dessa mulher com seu Filho amado. Como resultado dessa conversa e do milagre, o povo de Israel ficou envergonhado por sua incredulidade. Essa mulher estrangeira aderiu ao Messias, embora essa adesão fosse externa. Foi um protesto contra a crença orgulhosa dos israelitas de que seriam a única nação favorecida para sempre.

Deus tem compaixão e liberta os homens da miséria humana, sem ter que lidar com a Graça que gera a fé salvadora. A mulher nos ensina que devemos orar em toda situação de aflição. A mulher cananeia orou com inteligência: ela sabia que Jesus poderia salvar sua filha. Ela perseverou e venceu.

É verdade que ela não pediu uma bênção espiritual, nem para si nem para a filha. Apesar disso, ela nos ensina algo sobre o mistério da oração. Você deve orar sem a menor sombra de dúvida, precisa se render à suprema soberania de Deus. Quanto mais ela era repreendida, mais intensamente clamava. Tiago já nos diz que quem ora na dúvida *"é semelhante à onda do mar, que é levada pelo vento, e lançada de uma para outra parte"* (Tiago 1.6). Essa mulher era o oposto. A fé é possível no incrédulo, embora, nesse caso, não seja a fé genuína e verdadeira que opera para a salvação.

Perguntas sugeridas para estudo e discussão:

1. O que significa a frase: "Não é bom pegar o pão dos filhos e jogá-lo para os cachorros"?

   _____
   _____
   _____
   _____

2. Deus às vezes nos atende, dando-nos como exemplo de fé?

   _____
   _____
   _____
   _____

3. O que essa mulher nos ensina sobre oração e perseverança?

   _____
   _____
   _____
   _____

RAABE

Abraham Kuyper

DEUS NÃO PRECISA DE MUITO PARA FAZER MUITO

"Pela fé Raabe, a meretriz, não pereceu com os incrédulos, acolhendo em paz os espias"
(Hebreus 11.31)

Leia: Josué 2.1; 6.17-25; Hebreus 11.31; Tiago 2.25.

Os rabinos, desde tempos imemoriais, e depois muitos intérpretes do Cristianismo, tentaram mostrar que Raabe era uma mulher diferente do que as Escrituras nos descrevem. Eles negam que ela era uma prostituta. Raabe casou-se com Salmon, era mãe de Boaz e, portanto, está incluída na linha materna dos ancestrais de Cristo. O apóstolo Paulo a nomeia entre a grande "nuvem de testemunhas". Ela é a única mulher, ao lado de Sara, designada como exemplo de fé. Além disso, o apóstolo Tiago a menciona como uma pessoa digna de suas boas obras (2.25). Alguns se perguntam como uma mulher assim poderia ter sido uma prostituta? É ultrajante demais. Especialmente difícil de acreditar para pessoas hipócritas que desprezam pecadores evidentes. Também é repugnante para aqueles que querem fazer modelos de piedade e virtude para todos os personagens das Escrituras.

Consequentemente, tem havido muita discussão sobre o significado da palavra hebraica *"zoonah"* traduzida, em nossa versão, como uma prostituta. Alguns dizem que ela era dona de uma pousada, simplesmente. Outros que Raabe fora concubina, como Agar e Zilpa. Outros conjecturam que ele pode ter caído na juventude, mas que, quando morava em Jericó, era uma mulher de boa reputação. Todas essas suposições foram feitas sem a compreensão adequada do conselho de Deus para a redenção dos pecadores. Eles distorcem a história de Raabe porque desejam estabelecer um esquema de salvação baseado na bondade humana.

Mas as suposições não alteram os fatos. Raabe era uma prostituta. Não há como mudar o significado de "*zoonah*", nem do grego "*pornê*". Embora relutemos em admitir, devemos lembrar que não apenas Raabe, mas Tamar e Bate-Seba eram mulheres pecadoras, embora estejam registradas na genealogia de nosso Salvador.

"*Porque todos pecaram e destituídos estão da glória de Deus; sendo justificados gratuitamente pela sua graça, pela redenção que há em Cristo Jesus*" (Romanos 3.23-24). Essa é a grande verdade a ser lembrada ao considerar o assunto, e isso se aplica a Raabe e a todas as mulheres virtuosas hoje. As Escrituras não fazem exceções, todavia Raabe teve fé e se arrependeu de seu pecado. Depois que os muros de Jericó caíram e ela foi salva, casou-se com um príncipe de Israel. Por causa de sua fé, que nasceu enquanto ainda vivia uma vida de pecado, seu nome foi imortalizado pelo apóstolo.

Raabe provavelmente ouvira falar de alguns mercadores, pessoas que frequentavam uma casa como a dela. Por outro lado, vimos que o pecado era frequente entre o povo eleito, e havia murmuração constante — lembremo-nos de Miriã, irmã de Moisés. Lembremo-nos também de Zípora, esposa de Moisés. Até o próprio Arão pecou em várias ocasiões. Enquanto isso, Deus teve compaixão dessa mulher e concedeu-lhe a

Sua Graça. Sem dúvida, havia centenas de mulheres incomparavelmente mais virtuosas em Jericó do que Raabe. Todas foram esquecidas, e o golpe de misericórdia caiu sobre Raabe.

É possível que a fé já estivesse crescendo em sua alma. Ela ouvira falar dos estranhos milagres que aconteciam entre aquelas pessoas que perambulavam pelo deserto, perto de Jericó. Nesse ponto de sua fé, dois representantes de Deus a visitaram. Sua entrada na casa foi parte da preparação para o caminho de Deus em sua cidade. Agora, a fé de Raabe se torna decisiva. Considere seus visitantes como embaixadores de Deus, pois ela arriscou sua vida por eles, correndo perigos extremamente sérios. Mesmo assim, ela salvou aqueles dois homens, não por simpatia humana, nem porque isso lhe convinha para sua própria segurança, mas porque eles foram enviados pelo Deus Altíssimo.

Raabe fez o que fez por amor a Deus. Os primeiros frutos de sua fé são imediatamente aparentes. Os exércitos de Israel estavam estacionados ao redor de Jericó, entretanto, em toda a cidade, só houve uma pessoa que reconheceu os enviados de Deus daquele exército. Ela abriu a janela e desceu um cordão escarlate. Raabe acreditava, e a sua redenção era certa. Deus a incorporou na linha sagrada de seu Filho unigênito. Assim, Deus não aprova atos pecaminosos, mas nos diz que é Onipotente e pode redimir até os piores pecadores. E ele nos diz, além disso, que pôs fim ao conflito agudo do pecado em nós e que não nos devemos considerar hipócritas e desprezar os outros por eles pecarem.

Perguntas sugeridas para estudo e discussão:

1. Por que a vida de tantas mulheres que não pertenciam a Israel está registrada na Palavra de Deus?

   _____
   _____
   _____

2. Essas mulheres poderiam ser salvas, mesmo nos dias do Antigo Testamento?

   _____
   _____
   _____

3. Como podemos explicar o fato de que Raabe conhecia o Deus verdadeiro?

   _____
   _____
   _____

4. Qual foi o prêmio da sua fé? As "boas obras" recebem sua recompensa?

   _____
   _____
   _____

FILHA DO FARAÓ

Abraham Kuyper

DEUS NÃO PRECISA DE MUITO PARA FAZER MUITO

"E a filha de Faraó desceu a lavar-se no rio, e as suas donzelas passeavam, pela margem do rio; e ela viu a arca no meio dos juncos, e enviou a sua criada, que a tomou"

(Êxodo 2.5)

Leia: Êxodo 2.5-10; Atos 7.20-22; Hebreus 11.23-28.

Havia muito poucos judeus no Egito, que viviam no distrito do palácio real. O rei os destinou, em sua maioria, à região de Gósen ou Pitom e Ramsés. Isso explica por que provavelmente não aconteceu, em nenhuma outra ocasião, que alguma família hebraica desesperada tenha recorrido a depositar uma criança no rio para ver como salvá-la. Em todo caso, para a filha de Faraó, deve ter sido uma visão surpreendente encontrar uma criança escondida entre juncos quando foi banhar-se no rio.

O que estamos interessados em enfatizar é que deveria haver um coração humano de verdade batendo no peito dessa princesa pagã. Havia, no fundo de tudo, apesar da pompa e formalidade de sua vida no ambiente real, o verdadeiro impulso que move as mães a abraçar o filho em seu seio.

A imaginação da princesa seria cativada pelo menino, rosado e quente, vivo, provavelmente chorando entre os juncos. A princesa sabia que seu pai ordenara que todos os filhos homens dos hebreus morressem por afogamento. E por isso é muito provável que, em certa medida, ela tenha percebido que houve um engano nesse estranho acontecimento e que a criança com a qual pretendia ficar pertencia ao povo daqueles que morreram por ordem de seu próprio pai. Mas a princesa não considera a ameaça de ter que enfrentar o cenho franzido de seu pai, que poderia responsabilizá-la por seu ato. Ela dá rédea solta a seu impulso amoroso e maternal, e aceita a oferta de Miriã, fazendo ouvidos moucos às suspeitas acrescentadas quando a menina lhe diz que iria procurar "uma babá entre os hebreus para criar a criança".

A princesa concorda, e a ordem que dá é o selo de proteção da criança.

A "ama" tem ordens para devolver a criança após criada. E assim aconteceu. "Quando a criança cresceu, ela o trouxe para a filha de Faraó, que cuidou dele e o chamou Moisés".

Essa série de ações de uma princesa pagã pode causar constrangimento a mais de uma mãe cristã hoje. Quando a criança acaba de nascer, parece que o amor sai por todos os poros, enlouquecem de alegria, como dizem, mas, assim que começam as responsabilidades e o cuidado da criança, limita-se a sua liberdade de movimentos e começa o descuido e a negligência. Esse comportamento é indigno. Todo o afeto e ilusão iniciais são espuma e desaparecem quando a dura e amarga realidade chega.

Em comparação, o comportamento dessa princesa egípcia mostra sua grandeza. Ela era uma mulher pagã, mas sua conduta para com Moisés ilustra que ela estava acima do que esperamos dos pagãos. Para ela, o menino Moisés não era um objeto de ilusão e brincadeira, ela teve o cuidado de planejar o bem-estar dele sem contar os riscos pessoais envolvidos em sua decisão.

DEUS NÃO PRECISA DE MUITO PARA FAZER MUITO

Perguntas sugeridas para estudo e discussão:

1. O que podemos aprender com essa meditação sobre o cuidado e a criação de nossos filhos?
_____
_____
_____

2. Por que foi necessário que Moisés tivesse essa educação específica para cumprir os planos de Deus?
_____
_____
_____

3. Uma pessoa com um caráter diferente de Moisés poderia ter permanecido leal a seu Deus?
_____
_____
_____

O CHAMADO DE MOISÉS

D. L. Moody

DEUS NÃO PRECISA DE MUITO PARA FAZER MUITO

Nas Escrituras, existe um escopo muito maior para o *chamado* dos homens na obra de Deus do que para o seu *fim*. Por exemplo, não sabemos onde Isaías morreu, ou como faleceu, mas temos muito conhecimento sobre o chamado que o Senhor lhe deu, quando esse homem viu Deus sentado em seu alto e sublime trono.[1] Suponho que hoje em dia é verdade que centenas de jovens homens e mulheres que estão atentos a um chamado e querem saber qual é a missão de sua vida, talvez descubram que esse é o maior problema que já tiveram. Alguns não sabem qual profissão ou trabalho seguir e, dessa forma, eu gostaria de retomar o chamado de Moisés e ver se nós não podemos tirar algumas lições dali.

Você se lembra quando Deus encontrou esse profeta na sarça ardente e o convocou para fazer uma obra tão grande que ninguém sequer havia sido chamado para realizar, de forma que

ele pensou que o senhor havia se equivocado

e que ele não era a pessoa certa. Ele disse: "Quem eu sou?".[2] Esse homem era muito pequeno em sua própria estima. Quarenta anos atrás, ele havia começado como muitos outros. Pensou estar bem preparado para o serviço. Ele frequentou as escolas dos egípcios, esteve nos palácios do Egito, mudou-se para a sociedade *bon ton*. Teve todas as vantagens que qualquer pessoa poderia ter quando começou, indiscutivelmente, sem recorrer ao Deus de Abraão em busca de sabedoria e orientação, no entanto, ele desabou.

---

[1] Referência a Isaías 6.1 [N.T.].

[2] Referência a Êxodo 3.11. [N.T.]

Quantas pessoas iniciaram uma profissão e fracassaram ali! Elas não escutaram a voz de Deus, não esperaram as instruções d'Ele.

Suponho que Moisés pensou que os filhos de Israel ficariam grandemente honrados em saber que um príncipe do reino tomaria a sua causa, mas você se lembra como ele perdeu o controle e matou o egípcio e, no dia seguinte, quando interferiu em uma discussão entre os dois hebreus, eles queriam saber quem o fez juiz e líder sobre si e Moisés teve de fugir para o deserto, ficando escondido ali por quarenta anos. Ele matou o egípcio e perdeu sua influência desde então. Assassinato pela liberdade; um erro pelo direito; foi um meio infeliz de corrigir abusos e Moisés precisava de treinamento.

Foi um longo período para Deus mantê-lo em Sua escola, um tempo extenso para um homem esperar no início de sua vida, dos quarenta até os oitenta anos. Moisés nos foi trazido com todas as riquezas que o Egito poderia lhe dar e agora era um pastor de ovelhas e, na visão dos egípcios, isso era uma abominação. Tenho a impressão de que Moisés começou com um coração muito pequeno para um peito estufado demais. Acredito que esse é o motivo de tantas pessoas falharem; elas possuem

corações pequenos demais para seus peitos estufados.

Se um indivíduo tem um coração enrugado e um peito inchado, é um monstro. Talvez Moisés desprezasse os hebreus. Existem muitas pessoas que começam com a ideia de serem maiores e das outras serem inferiores, que irão trazê-las no nível superior consigo.

DEUS NÃO PRECISA DE MUITO PARA FAZER MUITO

Deus nunca usou um homem desse tipo. Talvez Moisés fosse um aluno tardio na escola Divina e então Ele teve de mantê-lo ali por quarenta anos.

Porém, agora ele está pronto; é justamente o homem que Deus quer e Ele o chama. Moisés disse: "Quem sou eu?". Ele era muito pequeno em seus próprios olhos — apenas o suficiente para que Deus pudesse usá-lo. Se você perguntasse aos egípcios quem ele era, teriam lhe respondido que aquele homem era *o maior tolo do mundo.*

"Ora", diriam, "olhe para a oportunidade que o homem teve! Ele poderia ter sido o comandante do exército egípcio, poderia ter subido ao trono, brandindo o cetro sobre todo o mundo, se não tivesse se identificado com aqueles pobres e miseráveis hebreus! Pense na chance que ele perdeu e no privilégio que jogou fora!".

Ele abandonou a opinião pública por quarenta anos e eles não sabiam o que tinha acontecido com esse homem, mas Deus deixou Seus olhos sobre o profeta. Ele era aquele dentre todas as outras pessoas que o Senhor desejava e quando o encontrou com aquela pergunta, "Quem sou eu?", não importava quem ele era, mas sim quem o seu Deus era. Quando as pessoas aprendem a lição de que não são nada e que o Senhor é tudo, não há uma posição que o Todo Poderoso não possa usá-las. Não foi a mão de Moisés que realizou aquela grande obra de redenção, pois ele era apenas o instrumento nas palmas Divinas. O Senhor poderia ter falado com o Faraó sem o profeta. Poderia ter falado na voz do trovão e rompido o coração daquele homem imponente com um discurso, se assim desejasse, mas condescendeu em tomar um agente humano e usá-lo. Poderia ter enviado Gabriel, mas sabia que Moisés era o homem que desejava acima de todos os outros, então o chamou. Deus usa pessoas para falar com pessoas: Ele opera através de mediadores. Poderia ter realizado o êxodo dos filhos de Israel em um piscar de olhos, mas, ao invés disso, escolheu enviar um pastor solitário e desprezado para realizar Seu propósito através da dor e decepção. Esse era o modo Divino no Antigo Testamento e também no Novo. Ele enviou Seu próprio Filho na semelhança da carne pecaminosa para ser o mediador entre Deus e o homem.

Moisés seguiu dando desculpas e disse: "Quando eu descer até lá, devo dizer que quem me enviou?". Suponho que se lembrou como se saiu antes de ser enviado aquela outra vez e temia fracassar novamente. Um homem que falhou uma vez sempre tem medo de fazê-lo de novo. Ele perde a confiança em si mesmo. É uma coisa boa perder a confiança em nós mesmos para ganharmos confiança em Deus.

O Senhor disse: "Diga-lhes: 'EU SOU me enviou'[3]".

Alguns dizem que Deus lhe deu

um cheque em branco

e tudo que ele precisava fazer era preenchê-lo dali em diante. Quando ele desejou tirar água das rochas, tudo que teve de fazer foi preencher o cheque; quando quis pão, tudo que precisou fazer foi preencher o cheque e o suprimento chegou; ele tinha um banqueiro

---
[3] Alusão a Êxodo 3.14. [N.R.]

rico. Deus o havia tomado em uma parceria Consigo. O Senhor o tornou Seu herdeiro e tudo que ele tinha de fazer era olhá-Lo e conseguir tudo o que desejava.

E, no entanto, ele pareceu recuar e começou a dar outra desculpa, dizendo:

"Eles não acreditarão em mim."

Temia tanto os israelitas quanto o Faraó: sabia o quão difícil é conseguir até mesmo que seus amigos acreditem em você.

Agora, se Deus enviou você e eu com uma mensagem, não cabe a nós dizer se os outros irão acreditar ou não. *Nós* não podemos fazer com que acreditem. Se eu fosse enviado pelo Senhor para fazer com que as pessoas acreditassem, Ele me concederia poder para isso. Jesus Cristo não tinha esse poder; é o trabalho do Espírito Santo; não podemos persuadir os outros e superar o ceticismo e a infidelidade, a menos que sejamos batizados com o Espírito Santo e com o poder.

Deus disse para Moisés que eles *acreditariam* nele, que teria sucesso e libertaria os filhos de Israel da escravidão. Contudo, o profeta parecia desconfiar até mesmo do Deus que havia falado consigo.

Então o Senhor disse: "O que é isso em sua mão?".[4]

Ele tinha uma vara ou bastão, um tipo de cajado para pastoreio, o qual ele tinha cortado ao acaso quando queria algo que lhe fosse útil no deserto.

"É apenas um bastão."

---
[4] Alusão a Êxodo 4.2. [N.R.]

"Com isso você libertará os filhos de Israel; com esse bastão fará com que Israel acredite que estou contigo."

Quando o Deus Todo Poderoso criou uma ligação com aquele bastão, ele se tornou mais valioso do que todos os exércitos que o mundo já viu. Olhe e veja como aquele bastão fez seu trabalho. Ele trouxe a praga das moscas, a da chuva de granizo e também transformou a água em sangue. Contudo, não foi Moisés nem seu bastão que fizeram o trabalho, mas o Deus de ambos. Enquanto o Senhor estivesse com ele, esse homem não poderia fracassar.

Algumas vezes, possivelmente, os servos de Deus falham. Quando Herodes decapitou João Batista, parecia que a missão dele foi um fracasso. Porém, foi mesmo? A voz que soou pelo vale do Jordão ecoa pelo mundo todo hoje em dia. Pode-se ouvir seu eco sobre as montanhas e vales: *"É necessário que ele cresça e que eu diminua"* (João 3.30). Ele ergueu Jesus Cristo e o introduziu ao mundo e Herodes não teve poder para o decapitar até que a obra de sua vida fosse cumprida. Estêvão pregou somente um sermão que conhecemos e isso foi antes do Sinédrio; mas como essa pregação foi repetida inúmeras vezes ao redor do mundo! A partir de sua morte, provavelmente surgiu Paulo, o maior pregador que o mundo já viu desde que Cristo deixou a Terra. Se um homem é enviado por Jeová, não existe nada como fracasso. A vida de Cristo foi uma falha? Veja como Suas parábolas se espalharam pela Terra hoje em dia. Parece que os apóstolos fracassaram, mas veja o quanto conquistaram. Se você ler o livro de Atos, verá que toda falha aparente nessas páginas se transformou em uma grande vitória. Moisés não fracassaria, embora o Faraó dissesse com desdém: "Quem é o Deus que eu devo obedecer?". Ele descobriu quem era o Senhor. Descobriu que existia um Deus.

Porém Moisés deu outra desculpa e disse: "Meus discursos são lentos, minha fala é tardia". Disse que

não era um orador.

Meus amigos, temos muitos oradores. Estou cansado dos seus "oradores bons de bico". Eu costumava lamentar, pois não poderia ser um orador. Pensava: "Oh, se apenas eu pudesse ter o dom do discurso como algumas pessoas!". Eu escutava homens com um fluxo suave de linguagem deixarem a audiência cativa, mas eles iam e vinham, suas vozes eram como o ar, não havia *poder* algum por trás delas; eles confiavam em sua eloquência e em seus belos discursos. Isso era o que Paulo estava pensando quando escreveu para Coríntios: — "*E a minha palavra, e a minha pregação, não* consistiram *em palavras persuasivas de sabedoria humana, mas em demonstração do Espírito e de poder; Para que a vossa fé não se apoiasse em sabedoria dos homens, mas no poder de Deus*" (1 Coríntios 2.4-5).

Pegue uma pessoa na corte e deixe-a testar suas habilidades de oratória no banco das testemunhas e veja quão rapidamente o juiz irá descartá-la. É o homem que diz a plena e simples verdade que possui a maior influência com o júri.

Suponha que Moisés tenha preparado um discurso para o Faraó, penteou belamente os seus cabelos e ficou diante do espelho ou fez aulas de elocução para aprender como fazer um discurso oratório e como gesticular. Suponha que ele abotoou seu casaco, colocou uma mão em seu peito, tomou uma atitude e começou:

"O Deus de nossos pais, o Deus de Abraão, Isaque e Jacó ordenou para que eu viesse até a presença do nobre Rei do Egito".

Eu acho que teriam levado sua cabeça na hora! Possuíam egípcios que conseguiam ser tão eloquentes quanto Moisés. Não era a eloquência que desejavam. Quando você vê um homem no púlpito tentando exibir suas habilidades eloquentes, ele está fazendo papel de tolo e tentando fazer com que as pessoas o façam também. Moisés era lento no discurso, mas tinha uma mensagem e o que Deus queria era que ele a entregasse. Contudo, ele insistiu em dar uma desculpa. Não queria ir; ao invés de estar ansioso para agir como mensageiro celestial, de ser o garoto de recados Divino, ele quis se dispensar. O Senhor o agradou e lhe concedeu um intérprete, lhe deu Arão.

Agora, se existe algo estúpido no mundo, é falar através de um intérprete. Tentei uma vez em Paris. Subi em um pequeno local que servia como púlpito com o intérprete — mal havia espaço para uma pessoa. Eu dizia uma frase enquanto ele se inclinava para um lado e então eu me inclinava enquanto ele repetia o que eu havia dito em francês. Consegue imaginar algo mais estúpido do que Moisés diante do Faraó falando através de Arão?!

DEUS NÃO PRECISA DE MUITO PARA FAZER MUITO

Mas esse homem de discurso lento se tornou eloquente. Com a mesma habilidade de Gladstone[5] para discursar! Aqui está um homem de cento e vinte anos e ele se tornou eloquente, como vemos em Deuteronômio:

"Inclinai os ouvidos, ó céus, e falarei; e ouça a terra as palavras da minha boca. Goteje a minha doutrina como a chuva, destile a minha palavra como o orvalho, como chuvisco sobre a erva e como gotas de água sobre a relva. Porque apregoarei o nome do Senhor; engrandecei a nosso Deus.Ele é a Rocha, cuja obra é perfeita, porque todos os seus caminhos justos são; Deus é a verdade, e não há nele injustiça; justo e reto é" (Deuteronômio 32.1-4).

Ele acabou sendo um dos homens mais eloquentes que o mundo já viu. Se Deus envia as pessoas e elas entregam Sua mensagem, Ele será sua boca. Se o Senhor lhe deu comunicado, vá e o entregue para o povo como Deus lhe concedeu. É algo estúpido para alguém tentar ser eloquente. Faça

a sua mensagem e não você mesmo

ser a coisa mais proeminente. Não esteja consciente. Deposite seu coração naquilo que Deus lhe concedeu e não seja tão tolo a ponto de deixar suas próprias dificuldades ou habilidades ficarem no caminho. É dito que as pessoas vão ouvir Cícero, voltam e dizem: "Você já ouviu alguma coisa assim? Não foi sublime? Não foi grandioso?". Porém, quando escutam Demóstenes — ele as inflamava tanto com o assunto que desejavam sair e disputar imediatamente —, esquecem totalmente so-

---
[5] William Ewart Gladstone, primeiro-ministro do Reino Unido e um dos principais líderes da Grã-Bretanha. [N.T.]

bre seu locutor, mas sua mensagem as comovia; essa era a diferença entre esses dois homens.

Em seguida Moisés disse: "*Ah, meu Senhor! Envia pela mão daquele a quem tu hás de enviar*" (Êxodo 4.13b).

Você já parou para pensar o que Moisés teria perdido se Deus tivesse seguido sua palavra e dito:

"Muito bem, Moisés; pode ficar aqui no deserto e eu enviarei Arão, Josué ou Calebe!".

Não procure ser dispensado se Deus lhe chama para algum serviço. O que os doze discípulos teriam perdido se negassem o chamado de Jesus! Sempre tive pena daqueles outros seguidores dos quais lemos que regressaram e não caminharam mais com o Messias. Pense no que Orfa perdeu e naquilo que Rute ganhou ao se apegar com o Deus de Noemi! Sua história foi *contada por esses três mil anos.*

Pai, mãe, irmãs, irmãos, a sepultura de seu marido — ela deu as costas para todos eles. "Rute, volte e nos diga caso se arrependa de sua escolha!". Não: seu nome é um dos mais brilhantes entre todas as mulheres que já viveram. O Messias foi um de seus descendentes.

"Moisés, volte e nos diga se futuramente ficou triste por Deus ter lhe chamado!". Eu acho que ele está no corpo glorificado no Monte da Transfiguração com Jesus e Elias, ele não se arrepende disso.

Meus caros amigos, Deus não está limitado a nenhum mensageiro. Nos é dito que Ele pode suscitar crianças das pedras.[6] Alguém disse que existem três

---
[6] Referência a Mateus 3.9. [N.T.]

classes de pessoas, aqueles que dizem "eu irei", os "eu não vou", e os "eu não consigo"; a primeira ordem conquista tudo, a segunda se opõe a qualquer coisa e a terceira falha em todas as coisas. Se Deus lhe chama, considere uma grande honra. Considere um grande privilégio ter uma parceria com Ele em qualquer coisa. Faça a tarefa alegremente. Realize-a com todo o seu coração e Ele o abençoará. Não deixe que a falsa modéstia ou falsidade, interesse próprio ou qualquer consideração pessoal desvie-o do caminho do dever e sacrifício. Se escutarmos a voz de Deus, ouviremos o chamado; e se Ele nos chama e nos envia, não haverá algo como fracasso, mas somente sucesso. Moisés teve uma vitória gloriosa, pois seguiu adiante e fez o que o Senhor lhe ordenou.

Perguntas para reflexão e estudo

1. Qual a importância do chamado?
   _____
   _____

2. O que Moisés pensou que o SENHOR havia cometido em seu chamado? Por que ele achou isso?
   _____
   _____

3. Quais desculpas Moisés apresentou para Deus?
   _____
   _____

4. Quais palavras de Moisés ecoam como um eloquente profeta?
   _____
   _____

5. Por que Moisés foi bem-sucedido?
   _____
   _____

"Quando você vê um homem no púlpito tentando exibir suas habilidades eloquentes, ele está fazendo papel de tolo e tentando fazer com que as pessoas o façam também. Moisés era lento no discurso, mas tinha uma mensagem e o que Deus queria era que ele a entregasse." — D. L. Moody.

O HOMEM QUE NASCEU CEGO

D. L. Moody

DEUS NÃO PRECISA DE MUITO PARA FAZER MUITO

O homem mencionado em João 9 nasceu cego. Encontramos os discípulos do Senhor Lhe perguntando:

"Rabi, quem pecou, este ou seus pais, para que nascesse cego? Jesus respondeu: Nem ele pecou, nem seus pais; mas foi assim para que se manifestem nele as obras de Deus" (João 9.2b-3).

"Tendo dito isto, cuspiu na terra, e com a saliva fez lodo, e untou com o lodo os olhos do cego. E disse-lhe: Vai, lava-te no tanque de Siloé (que significa o Enviado). Foi, pois, e lavou-se, e voltou vendo" (João 9.6-7).

Observe o que o homem fez. Ele fez *justo o que Cristo lhe ordenou*. O comando do Salvador para ele era de ir até o tanque de Siloé e se lavar; e *"Foi, pois, e lavou-se, e voltou vendo"*. Ele foi abençoado no próprio ato da obediência.

Outro pensamento: Deus não Se repete de forma geral. De todos os cegos curados enquanto Cristo estava na Terra, nem dois receberam a cura da mesma forma. Jesus encontrou o cego Bartimeu próximo aos portões de Jericó, o chamou e disse:

"Que queres que *te faça?"*.

A resposta foi: *"Mestre, que eu tenha vista"* (Marcos 10.51).

Agora, veja o que Ele fez. O Senhor não enviou Bartimeu para Jerusalém, a trinta e dois quilômetros de distância, até o tanque de Siloé para se lavar. Não cuspiu no chão e fez lodo para passar em seus olhos; mas com uma palavra Ele exerceu a cura, dizendo:

"Vai, a tua fé te salvou" (Marcos 10.52).

Suponha que Bartimeu tivesse partido de Jericó e encontrado com o outro pedinte cego no portão da cidade de Jerusalém, perguntando-lhe como conseguiu recuperar sua visão; imagine que eles começam a comparar — um contando sua experiência para o outro. Pense no primeiro dizendo:

"Eu não acredito que você conseguiu sua visão, porque não a obteve da mesma forma que eu".

Os diferentes métodos que o Senhor Jesus utilizou ao curá-los tornava seus casos menos verdadeiros? Contudo, existem algumas pessoas que falam dessa forma atualmente. Pelo fato de Deus não lidar com alguns exatamente como faz com outros, as pessoas pensam que Ele não está lidando com eles, afinal. O Senhor raramente se repete. Dois indivíduos dificilmente já se converteram exatamente da mesma forma, até onde minha experiência me permite dizer. Cada um deve ter uma experiência própria. Deixe o Senhor conceder a visão em Seu próprio meio.

Existem milhares de pessoas que

se mantêm longe de Cristo,

porque estão procurando pela experiência de algum amigo querido ou parente. Elas não devem julgar sua conversão pelas vivências dos outros. Escutam alguém contar como se converteu há vinte anos e esperam se converter da mesma forma. As pessoas nunca deveriam contar em ter uma experiência precisamente similar a de alguém que ouviram ou leram. Devem ir direto ao Senhor e fazer aquilo que Ele lhes ordena. Se Ele diz: "Vá para o tanque de Siloé e se lave", então

DEUS NÃO PRECISA DE MUITO PARA FAZER MUITO

que assim o façam. Se Ele diz: "Venha como está", e promete conceder a visão, então devem ir e deixá-Lo fazer sua obra a Sua própria maneira, assim como o cego o fez. Foi um método peculiar pelo qual concedeu a visão de um indivíduo; mas foi a maneira do Senhor; e a vista do homem foi restaurada. Podemos pensar que preencher seus olhos com lodo já é o bastante para tornar alguém cego. É verdade, agora era duplamente invisual; pois se fosse capaz de enxergar antes, o lodo o teria privado de sua visão. Porém, o Senhor queria mostrar ao povo que eles não eram somente espiritualmente cegos por natureza, mas que também se permitiram deixar cegar pelo lodo desse mundo, o qual havia se espalhado por seus olhos. Contudo, os métodos Divinos não são os nossos meios. Se Ele vai operar, devemos deixá-Lo agir como desejar.

Devemos ditar para o Todo Poderoso? A argila deve dizer para o oleiro: "Por que tu me fizeste assim?". *"Mas, ó homem, quem és tu, que a Deus replica?"* (Romanos 9.20a). Deixe Deus operar a Sua própria maneira; e quando o Espírito Santo chegar, deixe-O marcar um meio para Si. Devemos estar dispostos a nos submeter e fazer o que o Senhor nos diz, sem nenhum questionamento.

"Foi, pois, e lavou-se, e voltou vendo. Então os vizinhos, e aqueles que dantes viram o cego, diziam: Não é este aquele que estava assentado e mendigava?

Uns diziam: É este. E outros: Parece-se com ele" (João 9.7b-9a).

Agora, se ele fosse como muitos no momento atual, temo que teria continuado em silêncio. Ele teria dito:

"Bem, agora eu consegui minha visão e ficarei quieto quanto a isso. Não é necessário que eu confesse. Por que eu deveria dizer algo? Existe muita oposição a esse homem Jesus Cristo. Em Jerusalém, são ditas muitas coisas amargas contra Ele. Aquele indivíduo possui muitos inimigos. Eu acho que haverá uma confusão se eu falar sobre Ele; então não direi nada".

"*Uns diziam: É este. E outros: Parece-se com ele. Ele dizia: Sou eu*" (João 9.9). Ele não apenas teve seus olhos abertos, mas, graças a Deus, sua boca também!

Certamente, a próxima coisa que devemos abrir, após termos nossa visão recuperada, são nossos lábios para começar a testemunhar por Ele.

"*Diziam-lhe, pois: Como se te abriram os olhos? Ele respondeu, e disse: O homem, chamado Jesus, fez lodo, e untou-me os olhos, e disse-me: Vai ao tanque de Siloé, e lava-te. Então fui, e lavei-me, e vi*" (João 9.10-11).

Ele contou a história honestamente, somente aquilo que o Senhor havia feito por si. Isso é tudo. Esse é o dever de uma testemunha — contar o que sabe, não o que não sabe. Ele não tentou fazer um longo discurso. Não é a testemunha mais fluente e irreverente que possui a maior influência com um júri.

O testemunho desse homem é o que eu chamo de "experiência". Um dos maiores obstáculos para o progresso do Evangelho hoje em dia é que a narração da vivência da Igreja não é encorajada. Existem muitas pessoas que chegam até o local e nós nunca ouvimos nada sobre suas experiências, ou sobre os feitos do Senhor com elas. Se pudéssemos, seria uma grande ajuda para os outros. Estimularia a fé e encorajaria os mais vacilantes do rebanho.

A experiência do apóstolo Paulo
foi registrada três vezes. Não tenho dúvidas de que ele a contava em todo lugar que frequentava: como Deus havia lhe encontrado; como o Senhor abriu seus olhos e coração; e como o Todo Poderoso o abençoou. Dependendo da situação, a vivência tem o seu lugar; o grande erro cometido hoje está no outro extremo. Em alguns locais e períodos, houve excesso — tudo era experiência; e agora temos o pêndulo balançando longe demais em oposição.

Eu acho que não é somente correto, mas extremamente útil concedermos nossa vivência. Esse homem deu testemunho daquilo que o Senhor fez por si.

"*E era sábado quando Jesus fez o lodo e lhe abriu os olhos. Tornaram, pois, também os fariseus a perguntar-lhe como vira, e ele lhes disse: Pôs-me lodo sobre os olhos, lavei-me, e vejo. Então alguns dos fariseus diziam: Este homem não é de Deus, pois não guarda o sábado. Diziam outros: Como pode um homem pecador fazer tais sinais? E havia dissensão entre eles. Tornaram, pois, a dizer ao cego: Tu, que dizes daquele que te abriu os olhos?*" (João 9.14-17a).

Tamanha a oportunidade que ele teve para evitar as perguntas! Ele poderia ter dito: "Ora, eu nunca o vi. Quando Ele me encontrou eu era cego; não conseguia vê-Lo. Quando retornei, não consegui encontrá-Lo; e ainda não formei uma opinião". Poderia tê-los afastado dessa forma, mas o homem disse:

"Ele é um profeta".

O esmoleiro deu sua opinião. Era um homem com garra. Tinha coragem moral. Ficou em meio aos inimigos de Jesus Cristo, os fariseus, e lhes disse o que pensava sobre Ele:

"Ele é um profeta".

Se você consegue fazer com que recém-Cristãos falem, não sobre si mesmos, mas com o foco em Cristo, seu testemunho terá poder. Muitos convertidos falam completamente sobre sua própria experiência — "Eu", "eu", "eu", "eu". Todavia, esse homem cego se afastou do Mestre e disse: "Ele é um profeta". Ele acreditou e contou-lhes aquilo que acreditava.

"Os judeus, porém, não creram, a seu respeito, que tivesse sido cego, e que agora visse, enquanto não chamaram os pais do que agora via. E perguntaram-lhes, dizendo: É este o vosso filho, que vós dizeis ter nascido cego? Como, pois, vê agora? Seus pais lhes responderam, e disseram: Sabemos que este é o nosso filho, e que nasceu cego; Mas como agora vê, não sabemos; ou quem lhe tenha aberto os olhos, não sabemos. Tem idade, perguntai-lho a ele mesmo; e ele falará por si mesmo. Seus pais disseram isto, porque temiam os judeus. Porquanto já os judeus tinham resolvido que, se alguém confessasse ser ele o Cristo, fosse expulso da sinagoga. Por isso é que seus pais disseram: Tem idade, perguntai-lho a ele mesmo." (João 9.18-23).

Eu sempre tive um grande desprezo por esses pais. Eles tinham um nobre filho e sua falta de coragem moral aqui e ali para confessar o que o Senhor

Jesus Cristo havia feito por seu filho, os tornam indignos dele. Eles dizem: "Não sabemos como ele conseguiu isso," o que faz parecer que não acreditam em seu próprio filho. *"Tem idade, perguntai-lho a ele mesmo"*.

É uma triste verdade hoje em dia que temos centenas e milhares de pessoas que se dizem discípulas de Jesus Cristo, mas quando chega o momento em que devem fazer uma defesa e dar um testemunho claro por Ele, elas o fazem contra o Senhor. Você sempre pode dizer quem são aqueles realmente convertidos para Deus. O novo homem sempre defende o Pai; e o antigo se posiciona contra Ele. Esses pais tiveram uma oportunidade de confessar o Senhor Jesus Cristo e de fazer grandes coisas por Ele; mas negligenciaram seu bilhete dourado.

Se tivessem apenas ficado com seu nobre filho e dito: "Esse é nosso filho. Tentamos todos os médicos e usamos tudo que estava em nosso alcance e fomos incapazes de fazer algo por ele; mas agora, por gratidão, confessamos que ele recebeu sua visão do profeta da Galileia, Jesus de Nazaré", poderiam ter levado muitos a acreditar n'Ele. Porém, ao invés disso, disseram: *"Sabemos que este é o nosso filho, e que nasceu cego; mas como agora vê, não sabemos"*.

Você sabe por que eles não queriam dizer como ele conseguiu sua visão? Simplesmente pois:

custar-lhes-ia muito.

Eles representam aqueles Cristãos que não querem servir a Cristo se for lhes custar algo; se tiverem que abrir mão de companhias, posições ou prazeres mundanos. Não querem se assumir. É isso que impede centenas e milhares de se tornarem Cristãos.

Naquela época, era algo sério ser colocado para fora da sinagoga. Hoje em dia não significa muito. Se alguém é posto para fora da igreja, outra pode recebê-lo; mas quando se era expulso da sinagoga não havia outra para o acolher. Era a Igreja Estadual: a única que possuíam. Se ele fosse expulso dali, também era excluído da sociedade, das posições e de todo o resto; e seus negócios também sofriam.

Então novamente os judeus chamaram o homem que era cego *"e disseram-lhe: Dá glória a Deus; nós sabemos que esse homem é pecador"* (João 9.24b).

Agora, parece que eles estavam tentando prejudicá-lo novamente contra Cristo, mas ele disse: *"Se é pecador, não sei; uma coisa sei, é que, havendo eu sido cego, agora vejo"* (João 9.25b).

Não havia infiéis ou filósofos ali que conseguiam persuadi-lo a pensar de outra forma. Não existiam homens o bastante em Jerusalém para fazê-lo acreditar que seus olhos não estavam abertos. Ele não *sabia* que, por vinte anos, esteve sentindo seu caminho ao redor de Jerusalém; que foi guiado por crianças e amigos; e que durante todos esses anos ele não havia visto o sol em sua glória ou alguma das belezas da natureza? Ele não sabia que estava tateando seu caminho pela vida até aquele mesmo dia?

E nós não sabemos que nascemos de Deus e que temos os olhos de nossa alma abertos? Não estamos cientes de que as coisas velhas já se passaram e tudo se tornou novo e de que a luz eterna brilhou sobre nossa alma? Não temos consciência de que as correntes que uma vez nos aprisionavam, agora foram partidas em pedaços, de que a escuridão partiu e de que a luz chegou? Não temos liberdade onde outrora tínhamos escravidão? Não sabemos disso? Se é assim, então não ficaremos calados. Testemunharemos a favor do Filho de Deus e diremos, como o homem cego fez em Jerusalém: *"uma coisa eu sei*, é que, havendo eu sido cego, agora vejo. Tenho um novo poder. Tenho uma nova luz. Um novo amor. Uma nova natureza. Tenho algo que se estende em direção a Deus. Através dos olhos da fé, eu consigo ver além do Céu. Sou capaz de enxergar Cristo ao lado direito do Senhor. Aos poucos, quando minha jornada se encerrar, escutarei aquela voz dizendo: 'Venha aqui'; quando eu me sentarei no reino de Deus".

"E tornaram a dizer-lhe: Que te fez ele? Como te abriu os olhos? Respondeu-lhes: Já vo-lo disse, e não ouvistes; para que o quereis tornar a ouvir? Quereis vós porventura fazer-vos também seus discípulos?" (João 9.26-27).

Esse era um homem muito extraordinário. Aqui estava um recém-convertido em Jerusalém, sem um dia de velhice,

tentando converter

aqueles fariseus — homens que estiveram lutando contra Cristo por quase três anos! Ele lhes perguntou se eles também se tornariam Seus discípulos. Estava pronto para contar sua experiência para todos que estivessem dispostos a escutar. Se ele tivesse a acobertado de início e não se assumido imediatamente, não teria o privilégio de testemunhar desta forma, nem seria um conquistador de almas. Esse homem seria um ganhador de almas.

Ouso dizer que ele se tornou um dos melhores obreiros em Jerusalém. Não tenho dúvidas de que ele ficava bem na frente no dia de Pentecostes, quando Pedro pregava e quando os feridos estavam ao seu redor; ele seguia com sua obra e contava como o Senhor o havia abençoado e como Ele iria os abençoar. Ele era *vivaz*, não *inativo*, e mantinha seus lábios abertos.

É algo muito triste que grande parte dos filhos de Deus sejam tolos; no entanto, isso é verdade. Pais achariam uma grande calamidade o fato de suas crianças nascerem tolas; lamentariam por isso e chorariam; e com toda razão; mas você já pensou em quantos filhos tolos Deus tem? As igrejas estão cheias deles; essas pessoas nunca falam de Cristo. Podem conversar sobre política, arte e ciência; conseguem falar bem o suficiente e rápido o bastante sobre as tendências do dia; mas elas

não possuem voz para o filho de Deus.

Caro amigo, se Ele é o seu Salvador, confesse-O. Todos os seguidores de Jesus devem levar testemunho d'Ele. Quantas oportunidades cada um tem na sociedade e nos negócios para falar uma palavra a favor de Jesus Cristo! Quantas chances ocorrem diariamente nas quais todos os Cristãos podem estar em *"instes a tempo e fora de tempo"* (2 Timóteo 4.2) ao defender Jesus!

DEUS NÃO PRECISA DE MUITO PARA FAZER MUITO

Ao fazer assim, recebemos bênção para nós mesmos e também nos tornamos um meio de abençoar os outros.

Esse homem queria converter aqueles fariseus, que apenas um pouco antes estavam com as mãos cheias de pedras, prontos para sentenciar o Filho de Deus à morte e mesmo agora tinham o assassinato em seus corações. Eles o insultaram, dizendo: *"Discípulo dele sejas tu; nós, porém, somos discípulos de Moisés. Nós bem sabemos que Deus falou a Moisés, mas este não sabemos de onde é"* (João 9.28b-29).

Bem, agora, o homem outrora cego, poderia ter dito: "Há muita oposição e eu não direi mais nada; ficarei quieto e irei embora". Contudo, graças a Deus, ele ficou ali com a coragem de um Paulo! Respondeu-lhes:

"Nisto, pois, está a maravilha, que vós não saibais de onde ele é, e contudo me abrisse os olhos. Ora, nós sabemos que Deus não ouve a pecadores; mas, se alguém é temente a Deus, e faz a sua vontade, a esse ouve" (João 9.30b-31).

Agora, eu chamo isso de lógica. Se ele estivesse em um seminário teológico, não poderia ter dado uma resposta melhor. É uma simples doutrina e foi um bom sermão para aqueles que eram contra a obra de Cristo. "Se esse homem não fosse de Deus, Ele não conseguiria fazer nada". Essa é uma prova muito forte da convicção do esmoleiro em relação a quem o Senhor Jesus era. É como se ele dissesse: "Eu, um homem nascido cego e Ele consegue me conceder a visão. Como se Ele fosse o *pecador!*". Ora, é irracional! Se Jesus Cristos fosse somente um homem, como Ele poderia conceder a visão daquele indivíduo?

Deixe filósofos, céticos e infiéis responderem à questão.

Ele não teve de usar óculos. Recebeu uma boa vista, não uma fraca ou limitada, mas uma visão tão boa quanto a de qualquer pessoa em Jerusalém e talvez um tanto melhor. Todos podiam olhar para ele e ver por si mesmo. Seu testemunho estava além de discussões.

Após sua esplêndida confissão da divindade e poder de Cristo, *"responderam eles, e disseram-lhe: Tu és nascido todo em pecados, e nos ensinas a nós? E expulsaram-no"* (João 9.34). Eles não conseguiram refutar seu argumento e então o enxotaram. E assim é atualmente. Se damos um claro testemunho a favor de Cristo, o mundo nos exclui. É algo bom conceder nossa vivência de forma tão clara, em apoio a Jesus, que ela desagrade o mundo. É uma coisa boa quando tal testemunho a favor de Cristo faz com que os outros nos expulsem.

Vamos ver o que aconteceu quando o baniram. "Jesus ouviu", é o que vem a seguir. Logo que o afugentaram, Jesus escutou sobre o ocorrido. Ninguém sequer havia sido expulso pelo mundo por conta de Jesus Cristo, mas Ele ficou ciente; de fato, Ele será o primeiro a saber. *"Jesus ouviu que o tinham expulsado e, encontrando-o, disse-lhe: Crês tu no Filho de Deus? Ele respondeu, e disse: Quem é ele, Senhor, para que nele creia? E Jesus lhe disse: Tu já o tens visto, e é aquele que fala contigo. Ele disse: Creio, Senhor. E o adorou"* (João 9.35-38).

Aquele foi
um bom local para deixá-lo

— nos pés de Jesus. Iremos encontrá-lo aos poucos no reino de Deus.

Seu testemunho esteve ecoando pelas eras desses últimos mil e novecentos anos. É falado onde quer que a Palavra de Deus seja conhecida. Foi uma obra maravilhosa a que aquele homem fez pelo Filho de Deus; sem dúvidas existirão muitos na eternidade que agradecerão a Deus por sua confissão de Cristo.

Ao mostrar sua gratidão dessa forma em se assumir e confessar a Cristo, ele deixou um relato que comove a Igreja de Deus desde então. Ele é uma das personagens que sempre causam emoção, transmitindo vida nova e ardor, nova ousadia e coragem quando alguém lê sobre ele. É isso que precisamos hoje, bem como sempre — defender o Filho de Deus. Deixe os fariseus se enfurecerem contra nós; deixe o mundo continuar com a zombaria, o desdém e o desprezo; defenderemos corajosamente o Filho de Deus. Se nos expulsarem, irão nos afugentar direto para Seu peito. Ele nos levará para Seus braços amorosos. É algo abençoado viver tão devotamente em Cristo, de forma que o mundo não o deseja — que eles irão o enxotar.

Perguntas para reflexão e estudo

1. O que alguns imaginavam ser a fonte do problema da cegueira do homem? Qual elucidação Cristo dá?

___

___

___

2. Seguir a Jesus custou o que para este cego?

___

___

___

JOSÉ DE ARIMATEIA

D. L. Moody

DEUS NÃO PRECISA DE MUITO PARA FAZER MUITO

"Depois disto, José de Arimateia (o que era discípulo de Jesus, mas oculto, por medo dos judeus) rogou a Pilatos que lhe permitisse tirar o corpo de Jesus. E Pilatos lho permitiu. Então foi e tirou o corpo de Jesus"

(João 19.38)

Leia os quatro relatos concedidos nos quatro Evangelhos sobre José de Arimateia. Dificilmente há algo mencionado por todos os quatro Evangelistas. Se Mateus e Marcos se referem a algum evento, este é frequentemente omisso por Lucas e João; e, se isso ocorre com os últimos mencionados, as ocorrências podem não aparecer nos primeiros. O Evangelho de João é feito daquilo que está ausente nos outros na maioria dos exemplos — como no caso do homem cego que fizemos alusão. Contudo, todos os quatro registraram o que José fez por Cristo. Todos os Seus discípulos haviam o abandonado. Um, havia-o vendido; e outro, negado. Ele foi deixado na melancolia e escuridão, quando José de Arimateia se assumiu e o confessou.

Foi a morte de Jesus Cristo que trouxe José de Arimateia para fora. Provavelmente, ele era um dos muitos que estavam diante da cruz quando o centurião bateu no peito e exclamou: *"Verdadeiramente este era o Filho de Deus"* (Mateus 27.54b), e, sem dúvida, ele ficou convencido no mesmo instante.

Ele era um discípulo antes, pois lemos que, na noite do julgamento, não deu seu consentimento para a morte de Cristo. Deve ter havido certa surpresa na câmara do Conselho naquela ocasião, quando José de Arimatéia, um homem rico, se levantou e disse:

"Eu nunca darei meu consentimento para a morte d'Ele".

Eram setenta daqueles homens, mas temos um bom motivo para acreditar haver dois deles que, como Calebe e Josué da antiguidade, tiveram coragem de defender Jesus Cristo — esses eram José de Arimateia e Nicodemos: nenhum deles deu seu consentimento para a morte de Cristo. Entretanto, temo que José não se assumiu e disse ser um discípulo — pois não encontramos uma palavra sobre ele até a crucificação acabar.

Temo que existam

muitos Josés hoje,

pessoas importantes, das quais poderia ser dito serem discípulas secretas. Provavelmente diriam hoje em dia: "Eu não preciso tomar um posicionamento ao lado de Cristo. Do que mais *eu* preciso? Tenho tudo". Lemos que ele era um conselheiro rico e honrado, um homem justo e bom e ocupava uma posição alta no governo da nação. Também era uma pessoa benevolente e devota. O que mais ele poderia precisar? Deus quer algo além da boa vida e alta posição de José. Um homem pode ser um José completo e ainda assim estar sem Cristo.

Contudo, uma crise chegou em sua história. Se ele fosse tomar um posicionamento, agora era o momento para o fazer. Considero que esse é um dos atos mais nobres e maiores que alguém já realizou, defender Cristo quando aparentemente não havia nada, humanamente falando, que Jesus pudesse lhe dar. José não tinha esperança acerca da ressurreição. Parece que nenhum dos discípulos de nosso Senhor compreendeu que Ele iria se erguer novamente, nem mesmo Pedro, Tiago e João, bem como o restante, dificilmente acreditaram que Ele havia ressuscitado quando não apareceu para eles. Anteciparam que o Senhor estabeleceria seu reino, mas Ele não tinha nenhum cetro em Sua mão; e, até onde conseguiam enxergar, nenhum reino à vista. De fato, Ele estava morto na cruz, com pregos em Suas mãos e pés. Ali o Cordeiro jazia até que Seu espírito se exauriu; aquele que o havia feito tão grande, glorioso e nobre, agora abandonou o corpo.

José poderia ter dito: "Não vai ser útil defendê-Lo agora. Se eu me assumir e confessá-Lo, provavelmente perderei minha posição na sociedade e no conselho, bem como a minha influência. É melhor permanecer onde estou".

Não havia uma recompensa terrena para ele; não havia nada, humanamente falando, que pudesse tê-lo induzido a se assumir; e, mesmo assim, Marcos nos contou que ele foi até a sala de julgamento de Pilatos ousadamente e suplicou pelo corpo de Jesus. Considero que esse foi

um dos maiores e mais sublimes atos

que alguém já realizou. Naquela escuridão e melancolia, todos Seus discípulos tendo O abandonado; Judas tendo vendido-O por trinta peças de prata; o líder dos apóstolos, Pedro, negando-O com uma maldição, jurando que nunca havia Lhe conhecido; o líder dos sacerdotes achando-O culpado de blasfêmia; o Conselho tendo condenado-O à morte; e quando vaiaram tão alto que o som alcançava toda Jerusalém, José nadou contra a maré, diretamente contra a influência de todos os seus amigos e implorou pelo corpo de Jesus.

Ato abençoado! Sem dúvida ele se repreendeu por não ter sido mais ousado em sua defesa a favor de Cristo quando Ele foi julgado e antes que fosse condenado a ser crucificado. As Escrituras dizem que ele era um homem honrado, um conselheiro honroso, uma pessoa rica e, ainda assim, nós temos somente o registro dessa única coisa — o único ato de suplicar pelo corpo de Jesus. Porém, eu lhe digo que o que ele fez pelo Filho de Deus, somente por puro amor por Ele, será algo eterno; um ato se ergue sobre todo o resto que José de Arimateia já fez. Ele pode ter dado grandes quantias de dinheiro para diversas instituições, pode ter sido muito bom com os pobres e ter sido gentil com os necessitados de diversas maneiras; mas aquele único ato por Jesus Cristo, naquela tarde escura e memorável, foi uma das ações mais nobres que um ser humano já realizou. Ele deve ter sido um homem de grande influência, ou Pilatos não teria lhe concedido o corpo.

E agora, você vê outro discípulo secreto, Nicodemos. Ele e José vão à cruz. José está lá primeiro e, enquanto aguarda a chegada de seu companheiro, olha colina abaixo; e eu imagino seu deleite enquanto vê seu amigo chegando com trinta e cinco litros de unguento. Embora Jesus Cristo tenha levado uma vida humilde, Ele teria um enterro e uma unção dignos de um rei. Deus havia tocado os corações desses dois homens nobres e ele tiraram os pregos, deitaram o corpo e limparam o sangue das feridas que haviam sido feitas em Suas costas pelo flagelo e em Sua cabeça pela coroa de espinhos; então pegaram a forma sem vida, lavaram-na e enrolaram-na em um linho fino; e José O colocou em sua própria sepultura.

Quando tudo estava escuro e sombrio, quando Sua causa parecia estar perdida e a esperança da Igreja enterrada naquela nova tumba, José tomou um posicionamento a favor d'Aquele *"desprezado, e o mais rejeitado entre os homens"* (Isaías 53.3a). Foi o maior ato de sua vida; e, meu leitor, se você deseja ficar com o Senhor Jesus Cristo em glória; se quer que o poder de Deus lhe seja concedido para a servidão aqui, você não deve hesitar em se posicionar ousada e valentemente a favor do mais desprezado de todos os homens — o Homem Cristo Jesus. Sua causa não é popular. Os ímpios desdenham de Seu nome. Porém, se você deseja as bênçãos do Céu em sua alma e anseia escutar o *"Muito bem, servo bom e fiel [...] entra e participa da alegria do teu Senhor"* (Mateus 25.21, KJA), defenda-o imediatamente; não importa qual seja a sua opinião ou quantos dos seus amigos estão contra você. Opte por Jesus Cristo, o Salvador crucificado, mas que ressuscitou. Vá adiante e carregue Sua repreensão. Pegue sua cruz e o siga e, aos poucos, você a soltará, tomando a coroa que usará para sempre.

Lembro-me de alguns cultos sendo feitos em uma localidade onde a maré não se erguia com muita rapidez e coisas amargas e repreensivas eram ditas sobre a obra. Contudo, certo dia, um dos homens mais proeminentes no local se levantou e disse:

"Quero que saibam que eu sou um discípulo de Jesus Cristo e se há algum ódio a ser lançado em Sua causa, eu estou preparado para tomar a minha parte".

Essa fala se espalhou pelo culto como uma corrente elétrica, e uma bênção surgiu imediatamente em sua própria alma e na dos outros.

Tenha certeza de que

não há coroa sem uma cruz.

Devemos tomar nossa posição adequada aqui, como José fez. Custou-lhe algo carregar sua cruz. Não tenho dúvidas de que o expulsaram do conselho e da sinagoga. Ele perdeu sua posição e talvez sua riqueza: como outros seguidores fiéis de Cristo, ele se tornou, a partir de então, um homem desprezado e sem fama.

O esmoleiro cego não conseguiria ter feito aquilo que José fez. Algumas pessoas conseguem realizar o que outras não são capazes. Deus irá nos manter responsáveis por nossa própria influência. Para que cada um faça aquilo que consegue. Embora a conduta dos seguidores proferidos de nosso Salvador fosse qualquer coisa, menos útil para aqueles que, como José, tiveram somente pouca coragem de ficar do lado do Senhor, ele não foi impedido de se posicionar.

Qualquer que seja o custo, vamos ser verdadeiros Cristãos e tomar um posicionamento firme. É como a poeira em uma balança, se compararmos o que Deus tem reservado para nós. Podemos sofrer um pouco com Ele se vamos reinar juntos para sempre. Podemos tomar a cruz e o seguir, sermos desprezados e rejeitados nesse mundo, com uma perspectiva tão brilhante em vista. Se as glórias do Céu são reais, serão para o Seu louvor e para a nossa vantagem de partilhar em Sua rejeição agora.

Que o Senhor possa nos impedir de hesitar; e possamos, quando pesados na balança, não ser encontrados em falta! Que Deus possa ajudar todos os leitores a fazer tudo aquilo que o pobre pedinte cego fez, bem como o que José realizou!

Vamos confessá-Lo a todo momento e em todos os lugares. Vamos mostrar aos nossos amigos que estamos assumidos e assumidos ao lado d'Ele. Todos possuem um círculo que possa influenciar e Deus irá nos manter responsáveis pela influência que possuímos. José de Arimateia e o homem cego tinham círculos nos quais suas influências eram poderosas. Posso influenciar pessoas que outros não conseguem alcançar; e elas, por sua vez, alcançam uma classe que eu não conseguiria tocar. É somente por um breve período que conseguiremos confessar a Cristo e trabalhar por Ele. São somente alguns meses ou anos; e então as eras eternas irão prosseguir e grande será nossa recompensa no dia da coroação que está por vir. Neste momento, ouviremos o Mestre nos dizer:

"Muito bem, servo bom e fiel [...] entra e participa da alegria do teu Senhor" (Mateus 25.21, KJA).

Que Deus garanta que assim seja!

Perguntas para reflexão e estudo

1. Em que condição José de Arimateia vivia sendo discípulo de Jesus? O que acha dessa situação?

_____
_____
_____

2. Hoje existem pessoas nessa situação?

_____
_____
_____

3. Seguir a Jesus custou o que para José de Arimatéia em posição social?

_____
_____
_____

"Vamos confessá-Lo a todo momento e em todos os lugares. Vamos mostrar aos nossos amigos que estamos assumidos e assumidos ao lado d'Ele. Todos possuem um círculo que possa influenciar e Deus irá nos manter responsáveis pela influência que possuímos."
— D. L. Moody.

PEDRO

Alexander Whyte

DEUS NÃO PRECISA DE MUITO PARA FAZER MUITO

Os quatro Evangelhos estão cheios de Pedro, atrás do nome do próprio Senhor. Nenhum nome aparece com tanta frequência nos quatro Evangelhos quanto o de Pedro. Nenhuma disciplina fala tanto e com tanta frequência quanto Pedro. Nosso Senhor fala com mais frequência com Pedro do que com qualquer outro de Seus discípulos; às vezes em tom de repreensão e às vezes em tom de afeição. Nenhum discípulo é tão pontualmente reprovado por nosso Senhor quanto Pedro, e ninguém além dele já se aventurara a repreender seu Mestre. Nenhum outro discípulo já se confessara tão corajosamente e de forma tão reconhecidamente franca, tampouco encorajado nosso Senhor como Pedro reiteradamente fez. E ninguém se entremeteu, interferiu e tentou-O tanto quanto Pedro repetidamente fez. Seu Mestre lhe falava palavras de aprovação, afeição e até mesmo bênção, de uma forma como Ele jamais falara a qualquer outro homem. E, ao mesmo tempo, e quase no mesmo suspiro, Ele dizia a Pedro coisas mais duras do que já falara a qualquer outro de Seus doze discípulos, salvo Judas.

Nenhum discípulo falava tanto quanto Pedro. *"Senhor, ausenta-te de mim, que sou um homem pecador"* (Lc 5.8). "Eis que nós deixamos tudo, e te seguimos; que receberemos?" (Mt 19.27). *Que isso esteja longe de Ti, Senhor; que isso nunca aconteça a Ti.* "Senhor, se és Tu, manda-me ir ter Contigo por cima das águas. Senhor, salva-me!" (Mt 14.28-30). *"Mestre, a multidão te aperta e Te oprime, e dizes: Quem é que me tocou?"* (Lc 8.45). *"Tu és o Cristo, o Filho do Deus vivo." (Mateus 16:16) "Senhor, para quem iremos nós? Tu tens as palavras da vida eterna." (João 6:68).* "Senhor, *bom é estarmos aqui; se queres, façamos aqui três tabernáculos, um para ti, um para Moisés, e um para Elias"* (Mt 17.4). *"Senhor, até quantas vezes pecará meu irmão contra mim, e eu lhe perdoarei? Até sete?"* (Mt 18.21). *"Ainda que me seja mister morrer Contigo, não Te negarei"* (Mt 26.35). *"Senhor, não só os meus pés, mas também as mãos e a cabeça"* (Jo 13.9). *"Senhor, Tu sabes tudo; Tu sabes que eu te amo"* (Jo 21.17). E, para coroar todos esses discursos impertinentes e indecentes: *"De modo nenhum, Senhor, porque nunca comi coisa alguma comum e imunda" (At 10.14)*. E então, a respeito da caridade que poderia cobrir uma multidão de pecados, *"Portanto, se Deus lhes deu o mesmo dom que a nós, quem era então eu, para que pudesse resistir a Deus?" (At 11.17)*. Esses são os rastros inconfundíveis de Pedro. Precipitado, impetuoso, falando de forma impertinente e desavisada, pronto para se arrepender, sempre vagueando por águas profundas demais para ele e sempre se voltando novamente para seu Mestre como uma criancinha. Pedro estava angustiado porque Ele havia lhe perguntado pela terceira vez: *"Amas-Me?"* E Pedro disse a Ele: *"Senhor, Tu sabes tudo; Tu sabes que eu te amo"* (Jo 21.17).

As igrejas evangélicas do Cristianismo não têm o dever e tampouco o interesse de disputar com a Igreja de Roma a primazia de Pedro sobre os outros 12 discípulos, suas visitas a Roma ou sua morte como mártir naquela cidade. Se a Igreja de Roma está satisfeita com a verdade histórica do trabalho missionário de Pedro no oeste, estamos satisfeitos. Tudo o que nos pode ser verdadeiramente dito a respeito de Pedro devemos receber bem. Nunca falaremos demais sobre Pedro.

DEUS NÃO PRECISA DE MUITO PARA FAZER MUITO

E, quanto a essa primazia, da qual Roma faz tanta questão, não podemos ler nosso Novo Testamento sem aparecerem provas a cada página de que Pedro ostentava um lugar privilegiado entre os 12 discípulos. Nisso também concordamos com nossos amigos. Em quatro vezes a lista de homens escolhidos é feita nos Evangelhos; e, enquanto a ordem dos 12 nomes varia em todos os outros aspectos, o nome de Pedro é invariavelmente o primeiro em todas as listas, a passo que o de Judas é sempre o último. A diferença é a seguinte: o Novo Testamento reconhece uma certa preferência por Pedro, enquanto a Igreja de Roma clama por uma absoluta supremacia dele. Essa é a verdade. A preferência e a supremacia de que Pedro usufrui nos quatro Evangelhos não foi apontada pelo Seu Mestre, mas, sim, conferida a ele por sua própria natureza. Pedro já nascera como um homem superior. A própria natureza, como assim podemos dizer, havia imprimido, com suas próprias mãos generosas e originais, a superioridade sobre Pedro antes que ele nascesse. E, quando se tornou um discípulo de Jesus Cristo, ele continuou a sustentar aquela superioridade natural e única sobre todos os homens inferiores, até que um homem mais superior e supremo a tirasse de Pedro. Todos usufruímos da mesma superioridade quando somos colocados ao lado de homens que são menos abençoados que nós em intelecto, vontade e caráter. Os dons da mente de Pedro, a força de seu caráter, a afetuosidade de seu coração, a generosidade da sua fala — todas são coisas que deram a Pedro o mais importante lugar na Igreja Apostólica, até que Paulo chegasse. Porém,

Pedro, notável e marcante como era, não possuía nem as habilidades nem as vantagens educacionais de Saulo de Tarso. Sua mente tampouco era profunda, forte, versátil e refinada como a incomparável mente de Paulo. E, como consequência, ele nunca conseguira vislumbrar as obras que Paulo fizera sozinho. Porém, ao mesmo tempo, até que Paulo chegasse e eclipsasse totalmente os discípulos de Cristo que vieram antes dele, Pedro permanecia à frente do apostolado, deixando profundas marcas nos quatro Evangelhos, de forma muito mais intensa do que qualquer um dos outros 11 discípulos.

João era intuitivo, meditativo e místico. Felipe talvez fosse apático. Tomé parece ter sido melancólico e moroso. Ao mesmo tempo, Pedro era sanguíneo e entusiasmado, tanto para o bem quanto para o mal, acima de tudo. Pedro era, natural e constitutivamente, de temperamento entusiástico, e sua conversão e chamado para a disciplina não decompuseram e tampouco suprimiram sua verdadeira natureza; os elementos primários do seu caráter permaneceram, assim como o equilíbrio e a proporção entre eles. Para começar, o filho de Jonas era um homem dos mais fortes, voluntariosos e geniosos impulsos, impulsos esses que, graças à vigilância e às orações de seu Mestre, poderiam facilmente ter se tornado as mais impetuosas e destrutivas paixões. "O Cristo lhe deu um pequeno toque", disse Thomas Goodwin, "de rebeldia e juventude que estivera no espírito de Pedro antes do Cristo encontrar com ele. *'Quando eras mais moço, te cingias a ti mesmo, e andavas por onde querias; mas, quando já fores velho, estenderás as tuas mãos, e outro te cingirá, e te levará para onde tu não queiras'* (Jo 21.18). Pedro tinha esses caprichos e vivia como desejava, então o Cristo lhe disse: 'Quando fores pendurado pelos tornozelos em uma cruz, estejas certo de ter um bom comportamento; lembrando-te de quando era jovem, mostra-lhes o teu valor e a tua resolução quando chegares a este conflito', e Pedro se lembrou disso e foi tocado". Tal era, então, o comportamento perigoso de Pedro, uma má herança de seu pai, Jonas. Contudo, pouco a pouco, sob os ensinamentos, o exemplo e o treinamento de seu Mestre, o coração acalorado de Pedro aos poucos foi ficando sob controle, até que desse lugar, no peito de Pedro, a um amor profundo, puro e eterno e a uma adoração por Jesus Cristo. E, dentre os tropeços e quedas de Pedro, isso sempre o trouxe de volta, colocando seus pés no chão: seu amor absolutamente entusiástico e sua adoração pelo Mestre. De fato, diante da singular graça do Mestre para com Pedro, isso estava sempre o redimindo e o contendo em sua vida geniosa e voluntariosa. Até o final dos seus três anos junto do Mestre, Pedro ostentou um caráter muito imaturo, e uma mente e um coração desenfreados e irredutíveis. Ele havia se transformado em um grande homem, mas isso não aconteceu facilmente e custara tanto para ele quanto para seu amado Mestre. E, ao mesmo tempo, culpe Pedro o quanto quiser, despeje sobre ele as falhas de seu comportamento, os defeitos do seu caráter, os escândalos de sua conduta, tanto quanto você quiser, pois eu o desafio a negar que, apesar de tudo isso, ele era um homem muito cativante e amável. "A maior doença do coração é a frieza." Bem, com todas as suas faltas, ter um coração frio certamente não era uma delas. Todos os defeitos de Pedro, de fato, residem na intensidade de seu coração. Seu coração era muito intenso, muito impulsivo e entusiástico. Seu coração estava sempre à boca e o manifestava livremente até que conseguisse ficar em paz. Tantos defeitos possuía Pedro, e tão evidentes e superficiais eles eram, que você poderia muito bem estimar de forma apressada e supérflua a verdadeira profundidade, valor e força de Pedro. E se Pedro, por muito tempo, foi como a areia, em vez de ser como a pedra, seu Mestre o nomeou tão nobremente que um dia a areia se transformará em uma pedra que, pela qualidade e pela quantidade, poderá ser usada para construir um templo. Se agora Pedro está tão ávido para falar, no final ele estará para sofrer. Chegará o tempo em que Pedro agirá de forma contrária aos seus francos ardores e elevado entusiasmo. Ao designar tão cedo o filho de Jonas como a pedra, seu Mestre estava apenas antevendo uma das características mais graves que recairiam sobre Pedro. Seu Divino Mestre vira em Simão as qualidades latentes da coragem, da fidelidade, da persistência e da humildade evangélica, as quais nunca se haviam revelado completamente diante das influências adversas que rondavam sua vida. De todo modo, o mestre absoluto certamente pode chamar o seu servo por qualquer nome que o agrade, especialmente se for um mestre régio, pois o soberano de cada reino é a verdadeira fonte de honra. Qualquer que seja, então, a verdadeira e completa explicação, basta-nos saber que nosso Senhor saudou Simão e disse a ele: *"Tu és Simão, filho de Jonas; tu serás chamado Cefas"* (Jo 1.42), que, por interpretação, quer dizer pedra.

Dentre os quatro temperamentos mais marcantes, o de Pedro era do tipo ardente e entusiasta. E, de fato, um temperamento profundamente inquieto, cujo fluxo é forte, divinamente purificado e direcionado, é sempre o melhor tipo para fundação e suporte do caráter evangélico profético e apostólico. Afinal, o que é o entusiasmo? O que é senão o coração, a imaginação e o homem como um todo, de corpo e alma, colocados em chamas? E a eleição, o chamado, a vivência e a recompensa prometida do verdadeiro profeta, apóstolo e evangelista com certeza são suficientes para atar fogo e incendiar um coração de pedra. Era uma das pontuações proféticas vindas do próprio temperamento do Messias que o zelo pela Casa de Deus iria engoli-lo. E não existe sinal mais certo de que a mesma mentalidade encontrada em Jesus Cristo estava tomando posse de um dos Seus discípulos, na medida em que ele manifestava mais e mais um temperamento perspicaz, gentil e entusiástico diante de quaisquer pessoas e causas que fossem honestas, justas, puras, amáveis e de boa fama — da mesma maneira como não há nada mais distinto da mentalidade e do coração de Jesus do que a mente e o coração de um homem que não se importa com nenhuma dessas coisas. Que possam tomar Pedro, vindo à perfeição, como nosso padrão e prelado; e, especialmente, que possamos vigiar, trabalhar e orar contra um coração frio, um temperamento gélido e uma mente distante, egoísta e indiferente.

Intimamente conectado ao peculiar temperamento de Pedro e, de fato, como uma gentil compensação por ser tão tomado por ele, estava o seu apurado senso de pecado. Nesse quesito, vemos a singular sensibilidade e ternura do espírito de Pedro se mostrar da maneira mais impressionante e memorável na ocasião em que ele foi chamado a ser discípulo. André não era um homem impenitente. João não era um homem de coração endurecido. Mas, embora ambos tivessem visto e compartilhado da milagrosa multiplicação dos peixes no mar da Galileia, apenas Pedro lembrou de seus pecados e sucumbiu por causa deles, na presença do poder e na graça do Cristo. *"Senhor, ausenta-te de mim, que sou um homem pecador. E disse Jesus a Simão: Não temas; de agora em diante serás pescador de homens"* (Lc 5.8,10). A penitência enfraquecedora de Pedro naquele instante o marcou como verdadeiro capitão do barco de pesca que logo deveria navegar sob as cores da cruz para pescar as almas dos homens para a Salvação. A repentina e completa prostração diante do Cristo naquele momento colocou Pedro em uma posição de superioridade e preferência que nunca mais foi dele retirada. E não há sinal mais certo da penitência evangélica e do verdadeiro homem espiritualizado do que este: que sua prosperidade na vida o leve de volta para os pecados do passado e seu duradouro deserto. Ele não é um noviço na vida espiritual, para quem a prosperidade pode tanto ser um meio de graça quanto de adversidade. Eles são os mercadores sábios, que têm ganhos em qualquer tempestade; que enriqueceram suas almas não apenas nos momentos de provação e perdas, mas estão, tanto por fora quanto por dentro, ainda mais amainados e santificados em meio a todos os seus ganhos e confortos. Esses marinheiros, cujos barcos voltaram para casa afundando com as mercadorias que pescaram das profundas águas, bem devem louvar ao Senhor pela sua bondade. Mas, com toda a sua prosperidade, eles devem de coração aberto dizer: *"Não nos tratou segundo os nossos pecados, nem nos recompensou segundo as nossas iniquidades"* (Sl 103.10).

Era o temperamento profundo e rico de Pedro, completamente santificado, que o tornava um pregador tão abnegado de si mesmo, tão superior aos julgamentos de todos os homens e tão contente, para usar suas próprias palavras, de ser reprimido em nome do Cristo. Vocês podem imaginar; vocês já passaram por alguma experiência que lhes permita imaginar quais eram os pensamentos de Pedro enquanto ele subia as escadas do púlpito para pregar o sermão do funeral de Judas? Judas havia traído o Mestre. Sim, mas o próprio Pedro, o pregador Pedro, havia negado o Mestre com pragas e xingamentos. E mesmo assim, Pedro estava no púlpito, enquanto Judas se suicidara em Aceldama! "Oh, que as profundezas da misericórdia divina recaiam sobre mim! Que eu, que pequei ao lado de Judas; eu, que fiz minha cama no Inferno ao lado de Judas; eu, que devo cumprir esta honra e ministrar aos santos irmãos! Oh, que graça e que dívida!". E, novamente, imaginem como deveria estar a mente de Pedro quando, no alpendre de Salomão, ele pegou o sermão de Pentecostes. Aquele terrível sermão em que ele acusou os governantes e o povo de Jerusalém do mortal crime de negar o Escolhido e Justo na presença de Pilatos — ao mesmo tempo em que ele, o pregador, havia feito exatamente a mesma coisa diante de alguns servos e servas. Vocês podem ficar certos de que foi tanto para ele mesmo quanto para os assassinos do Príncipe da Vida que Pedro pregou naquele dia, dizendo: *'Arrependei-vos, pois, para que sejam apagados os vossos pecados'* (At 3.19), pois Deus lhes enviou Seu Filho para os abençoar, em troca de cada uma das suas iniquidades". A verdade é que, a essa altura, a terrível pecaminosidade do próprio pecado inominável de Pedro fora afogada na vergonha humana. Se aqueles que sabem do pecado de Pedro quiserem repreendê-lo, que o façam. Agora, é uma questão pequena para Pedro ser julgado pelos homens. Eles cantaram os salmos de Davi no alpendre de Salomão, e naquele dia Pedro e os penitentes certamente devem ter cantado e dito: *"Lava-me completamente da minha iniquidade, e purifica-me do meu pecado. Porque eu conheço as minhas transgressões, e o meu pecado está sempre diante de mim. Torna a dar-me a alegria da tua salvação, e sustém-me com um espírito voluntário. Então ensinarei aos transgressores os teus caminhos, e os pecadores a ti se converterão"* (Sl 51.2-3,12-13). E se os pregadores pronunciaram benesses depois dos seus sermões naqueles dias, então podemos ter a certeza de que a bênção pregada por Pedro no alpendre de Salomão continua preservada para nós nestas suas palavras apostólicas: *"Vós, portanto, amados, sabendo isto de antemão, guardai-vos de que, pelo engano dos homens abomináveis, sejais juntamente arrebatados, e descaiais da vossa firmeza. Antes crescei na graça e conhecimento de nosso Senhor e Salvador, Jesus Cristo. A ele seja dada a glória, assim agora, como no dia da eternidade. Amém"* (2Pe 3.17-18).

Perguntas para reflexão e estudo.

1. Segundo o autor, por que os Evangelhos da Bíblia narram muitas histórias sobre Jesus e Pedro?

   _____

   _____

   _____

2. Para o autor, qual a razão do comportamento impertinente de Pedro? E o que você pode aprender com isso?

   _____

   _____

   _____

3. Como o temperamento de Pedro foi útil para o Evangelho?

   _____

   _____

   _____

O LADRÃO PENITENTE

D. L. Moody

DEUS NÃO PRECISA DE MUITO PARA FAZER MUITO

Deve dar a todos nós muita esperança e conforto o fato de que Jesus salvou um homem como o ladrão penitente logo antes de retornar ao Céu. Todos que não são Cristãos devem se interessar nesse caso, para saber como ele foi convertido. Qualquer um que não acredita em conversões súbitas deve olhar para esse ocorrido. Se as conversões são graduais, se leva seis meses, ou seis semanas, ou seis dias para converter uma pessoa, esse ladrão não teria chance. Se um indivíduo que viveu uma vida boa e consistente não pode ser convertido repentinamente, a possibilidade para ele seria menor ainda! Vá para o capítulo 23 de Lucas e veja como o Senhor lidou com aquele homem. Ele era um ladrão, e um do pior tipo, de outra forma não seria punido pela crucificação. No entanto, Cristo não somente o salvou, mas o levou consigo para a glória.

Vamos observar Jesus na cruz entre os dois malfeitores. Os escribas e fariseus meneavam a cabeça e zombavam d'Ele. Seus discípulos haviam fugido. Somente Sua mãe e uma ou duas outras mulheres permaneciam à vista para o animar com sua presença entre toda a multidão de inimigos. Escute aqueles fariseus rancorosos escarnecendo entre si: *"Salvou os outros, e a si mesmo não pode salvar-se"* (Mateus 27.42a). O relato também diz que os dois ladrões *"o mesmo lhe lançaram também em rosto"* (Mateus 27.44).

Insultando.

A primeira coisa que lemos sobre esse homem é que ele era um injuriador de Cristo.

Você pensaria que ele estaria fazendo outra coisa em tal momento como aquele; mas, pendurado ali, no meio da tortura, e com a certeza da morte em poucas horas, em vez de confessar seus pecados e se preparar para o encontro com aquele Deus cuja lei ele havia quebrado por toda a sua vida, ele está abusando do único Filho do Senhor. Certamente, ele não pode afundar mais, até que chegue ao Inferno!

Sob convicção.

O próximo momento em que escutamos sobre ele, o homem parece estar sob convicção:

"E um dos malfeitores que estavam pendurados blasfemava dele, dizendo: Se tu és o Cristo, salva-te a ti mesmo, e a nós. Respondendo, porém, o outro, repreendia-o, dizendo: Tu nem ainda temes a Deus, estando na mesma condenação? E nós, na verdade, com justiça, porque recebemos o que os nossos feitos mereciam; mas este nenhum mal fez" (Lucas 23.39-41).

O que você pensa que causou uma mudança tão grande nesse homem nessas poucas horas? Cristo não pregou um sermão, não lhe deu uma exortação. A escuridão ainda não havia começado. A Terra não havia se aberto. Os negócios fúnebres seguiam sem perturbações. A multidão ainda estava ali, zombando, vaiando e meneando a cabeça. No entanto, esse homem, que na manhã estava insultando a Cristo, agora está confessando seus pecados e repreendendo o outro ladrão. *"E nós, na verdade, com justiça!"*. Nenhum milagre havia sido realizado diante de seus olhos. Nenhum anjo do céu surgiu para colocar uma coroa brilhante em Sua cabeça no lugar daquela ensanguentada e feita de espinhos.

O que exerceu tamanha mudança nele?

Eu lhe direi o que penso ter acontecido. Penso que foi a oração do Salvador:

"*Pai, perdoa-lhes, porque não sabem o que fazem*" (Lucas 23.34).

Parece que escuto o ladrão *falando consigo* desta forma:

"Que tipo estranho de homem! Ele declara ser rei dos judeus e a inscrição sobre Sua cruz diz a mesma coisa. Porém, que tipo de trono é esse?! Ele diz ser Filho de Deus. Por que Deus não envia Seus anjos e destrói todas essas pessoas que estão torturando Seu Filho até a morte? Se Ele tem todo o poder agora, como costumava ter quando operava aqueles milagres que tanto falam, por que não realiza Sua vingança e traz a destruição para todos esses desgraçados? Eu o faria em um instante se tivesse o poder. Não pouparia ninguém. Abriria a Terra e os engoliria! Mas esse homem ora para que Deus os perdoe! Estranho, muito estranho! Ele *deve* ser diferente de nós. Sinto muito por ter dito uma palavra contra Ele quando o ergueram aqui de início.

Que diferença há entre mim e Ele! Aqui estamos nós, pendurados em duas cruzes, lado a lado; mas todo o resto de nossas vidas estivemos distantes. Estive roubando e matando e Ele estava alimentando os famintos, curando os doentes e ressuscitando os mortos. Agora essas pessoas estão zombando de nós dois! Começo a acreditar que Ele deve ser o Filho de Deus;

pois certamente nenhum homem conseguiria perdoar seus inimigos dessa forma".

Sim, aquela oração de Cristo fez o que o flagelo não conseguiu. Esse indivíduo passou por seu julgamento, foi açoitado, pregado na cruz; mas seu coração não havia sido subjugado, ele não ergueu nenhum clamor a Deus, não estava arrependido de seus pecados. No entanto, quando ouviu o Salvador orando por Seus assassinos, aquilo *partiu seu coração*.

Passou pela alma do ladrão que Jesus era o Filho de Deus e aquele momento em que ele repreendeu seu companheiro, dizendo:

"*Você não teme a Deus?*" (Lucas 23.40, NVI).

O temor por Deus caiu sobre si. Não há muita esperança de uma pessoa ser salva até que o temor a Deus a alcance. Salomão diz: "*O temor do SENHOR é o princípio da sabedoria*" (Provérbios 9.10a).

Lemos em Atos que um grande medo caiu sobre o povo; aquilo era o temor ao Senhor. Era o primeiro sinal de que a convicção havia entrado na alma do ladrão. "*Você não teme a Deus?*" (Lucas 23.40, NVI). Esse foi o primeiro indício que temos da vida desabrochando.

Confessando.

Em seguida, ele confessou seus pecados: "*E nós, na verdade, com justiça*". Ele tomou seu lugar entre os pecadores, sem tentar se justificar.

Um homem pode estar muito arrependido de seus pecados, mas se ele não os confessar, não possui promessa de ser perdoado. Caim se sentiu mal o bastante por conta de seus pecados, mas não confessou. Saul estava muito atormentado mentalmente, mas recorreu à bruxa de Endor em vez de recorrer ao Senhor. Judas se sentiu tão mal com a traição ao seu Mestre que se enforcou; mas não confessou para Deus. É verdade, ele confessou para os sacerdotes, dizendo: *"Pequei, traindo o sangue inocente"* (Mateus 27.4a); mas não havia utilidade em lhes confessar — aqueles homens não podiam perdoá-lo.

Quão diferente é o caso desse ladrão penitente! Ele confessou seus pecados e Cristo teve misericórdia dele naquele momento e local.

O grande problema é que as pessoas estão sempre tentando dar a entender que não são pecadoras, que não têm nada para confessar. Portanto, não há oportunidade de alcançá-las com o Evangelho. Não existe esperança para um homem que cruza os braços e diz: "Eu não acho que Deus irá punir o pecado; vou correr o risco". Não há esperança para uma pessoa até ela ver que está sob condenação justa por seus pecados e falhas. Deus nunca perdoa um pecador até que ele confesse.

Justificando Cristo.

A próxima coisa, ele justifica Cristo: *"Este Homem não cometeu mal algum!"* (Lucas 23.41, KJA).

Quando as pessoas estão falando contra Jesus, elas são uma ótima maneira de se tornarem Cristãs. Agora ele diz: *"Este homem não cometeu mal algum!"* (Lucas 23.41, KJA). Havia uma multidão zombando de si; mas, no meio disso tudo, é possível escutar o ladrão gritando:

"Este homem não cometeu mal algum!" (Lucas 23.41, KJA).

Fé.

O próximo passo é a fé.

Falar sobre fé! Eu acho que esse é quase o caso mais extraordinário de fé na Bíblia. Abraão foi o pai dos fiéis; mas Deus esteve o treinando por vinte e cinco anos. Moisés foi um homem de fé; mas ele viu a sarça ardente e teve outras evidências do Senhor. Elias tinha fé; mas veja o bom motivo que a mantinha. Deus cuidou dele e o alimentou na época da fome. Porém, aqui estava um homem que, talvez, nunca tinha visto um milagre ; que passou sua vida entre os criminosos; cujos amigos eram ladrões e foras da lei; que agora estava morrendo em agonias na presença de uma multidão que estava rejeitando e insultando o Filho de Deus. Seus discípulos, que haviam escutado Suas maravilhosas palavras e testemunhado Suas poderosas obras, haviam O abandonado; e talvez o ladrão soubesse disso. Pedro O negou com juramentos e maldições; e isso pode ter sido contado ao malfeitor. Judas havia O traído. Ele não viu nenhuma coroa brilhante sobre Sua cabeça; somente aquela de espinhos. Não conseguia enxergar nenhum sinal de Seu reino. Onde estavam Seus súditos? E ainda assim, pregado na cruz, atormentado com a dor em todos os nervos, sobrecarregado com o horror, sua alma maligna em uma tempestade de paixão, esse pobre infeliz conseguiu se agarrar a Cristo e confiar n'Ele por uma rápida salvação. A fé desse ladrão, como brilha em meio a escuridão do Calvário! É um dos exemplos mais impressionantes de fé na Bíblia!

Quando eu era um garoto, tinha muita dificuldade em soletrar. Certo dia, deram uma palavra para um menino diante da sala, a qual ele não conseguia soletrar e nenhum outro aluno conseguiu fazer por ele. Eu soletrei; por sorte; e fui dos fundos da sala para a frente de todos. Dessa mesma forma, o ladrão na cruz passou por Abraão, Moisés e Elias e foi à frente da classe. Ele disse para Jesus:

"*Senhor, lembra-te de mim, quando vieres em teu reino*" (Lucas 23.42).

Deus seja louvado por tamanha fé! Quão revigorante deve ter sido para Cristo ter alguém tratando-O como Senhor e acreditando em Seu reino naquele momento sombrio! Como o coração desse ladrão parte para o Filho de Deus! Como ele ficaria alegre em cair de joelhos diante da cruz e derramar sua oração! Porém, isso ele não pode fazer. Suas mãos e pés estão firmemente pregados na madeira, mas não prenderam seus olhos, sua língua e seu coração. Ao menos, ele pode virar sua cabeça e olhar para o Filho de Deus e seu coração partido pode partir em amor por Aquele que estava morrendo por si, por você e por mim; e ele consegue dizer:

"*Senhor, lembra-te de mim, quando vieres em teu reino*".

Tamanha confissão de Cristo que isso foi! Ele o chamou de "Senhor". Um Senhor estranho! Pregos atravessando Suas mãos e pés, presos à cruz. Um trono incomum! Sangue escorrendo por Seu rosto das feridas feitas pela coroa de espinhos. Contudo, Ele era ainda mais "Senhor" por conta de tudo isso.

Pecador, chame-o de "Senhor" agora. Tome seu lugar como um pobre rebelde condenado e exclame:

"Senhor, lembre-se de mim!".

Essa não é uma oração muito longa, mas ela irá prevalecer. Você não tem que acrescentar — *"quando vieres em teu reino"*, pois Cristo está agora à direita de Seu Pai. Cinco palavras; uma corrente de cinco ligamentos dourados que irá unir o pecador ao seu Senhor.

Algumas pessoas julgam que devem ter uma forma de orar, um livro de oração, talvez, se irão se dirigir propriamente ao Trono da Graça; mas o que aquele pobre sujeito poderia fazer com um livro de oração lá em cima, pendurado na cruz, com ambas as mãos pregadas firmemente? Imagine que fosse necessário que algum padre ou pastor pregasse para ele, o que o homem poderia fazer? Ninguém está ali para orar pelo sujeito e, no entanto, ele morrerá em poucas horas. Ele está fora do alcance da ajuda humana, mas Deus depositou socorro sobre Aquele que é poderoso e está por perto. Ele orou de coração. Sua prece foi curta, mas trouxe a bênção. Foi direto ao ponto: *"Senhor, lembra-te de mim, quando vieres em teu reino"*. Ele pediu ao Cordeiro para que lhe desse, ali e naquele momento, o que desejava.

A oração respondida.

Agora considere a resposta para essa oração. Ele conseguiu mais do que pediu, assim como todos que pedem em fé. O homem apenas pediu para Cristo "se lembrar" dele; mas o Senhor respondeu:

"Hoje estarás comigo no Paraíso" (Lucas 23.43b).

Um abençoar imediato — a promessa da comunhão — do descanso eterno; é dessa forma que Cristo respondeu à oração daquele homem.

Escuridão.

E agora a escuridão caiu sobre a Terra. O sol se escondeu. Ainda pior do que tudo isso, o Pai esconde Seu rosto de Seu Filho. O que mais significa aquele clamor amargurado:

"Deus meu, Deus meu, por que me desamparaste?" (Mateus 27.46b).

Ah! Estava escrito: *"Maldito todo aquele que for pendurado no madeiro"* (Gálatas 3.13b). Jesus foi amaldiçoado por nós. Deus não consegue olhar sobre o pecado: e então, quando até mesmo Seu próprio Filho estava portando as nossas transgressões em Seu corpo, o Pai não pôde olhar para Ele.

Eu acho que isso foi o que mais pesou no coração do Salvador no jardim, quando Ele orou:

"Se é possível, passe de mim este cálice" (Mateus 26.39).

Ele poderia suportar a infidelidade de Seus amigos, o desprezo de Seus inimigos, a dor de Sua crucificação e a sombra da morte; conseguia aguentar tudo isso; mas quando se tratava sobre o rosto de Seu Pai ser ocultado, parecia demais até mesmo para o Filho de Deus suportar. Todavia, até isso Ele aguentou pelos nossos pecados; e agora a face do Senhor se volta para nós, cujas transgressões haviam afastado e olhando para Jesus, Aquele que é imaculado, Ele nos enxerga n'Ele.

Em meio a toda a Sua agonia, quão doce deve ter sido para Cristo escutar aquele pobre ladrão lhe confessando!

Ele gosta quando as pessoas lhe confessam. Não se lembra do que Ele perguntou a Pedro: *"Quem os homens dizem que sou?"*? E quando Pedro respondeu: *"Algumas pessoas dizem que é Moisés, outras, Elias, e existem aquelas que falam que o senhor é um dos antigos Profetas"*? Ele perguntou novamente: "Porém, Pedro, quem você diz que eu sou?". Quando Pedro disse: *"Tu és o Filho de Deus"*;[7] Jesus o abençoou por aquela confissão. E agora esse ladrão confessa-O — confessa-O na escuridão. Talvez estava tão escuro que o homem não conseguia mais enxergá-Lo; mas ele sente que o Senhor está ao seu lado. Cristo quer que O confessemos tanto na escuridão quanto na luz; quando estamos com dificuldades e quando tudo vai bem. Pois Ele não se envergonhou de nós, mas carregou os nossos pecados e tristezas, até a morte.

Quando um indivíduo proeminente parte desta vida, ficamos ansiosos para saber quais foram seus últimos feitos e palavras.

O último feito do filho de Deus foi salvar um pecador. Isso foi uma parte da glória de Sua morte. Ele começou Seu ministério salvando pecadores e o encerrou salvando esse pobre ladrão. "Porventura *tirar-se-ia a presa ao poderoso, ou escapariam os legalmente presos? Mas assim diz o SENHOR: Por certo que os presos se tirarão ao poderoso, e a presa do tirano escapará*" (Isaías 49.24-25a). Ele resgatou esse cativo das garras da morte. O homem estava nas fronteiras do Inferno e Cristo o trouxe para fora.

---

[7] Referência a Mateus 16.13-16. [N.T.]

DEUS NÃO PRECISA DE MUITO PARA FAZER MUITO

Sem dúvidas, Satanás estava dizendo para si mesmo: "Eu terei a alma daquele ladrão muito em breve. Ele pertence a mim. Foi meu por todos esses anos".

Contudo, em seus últimos momentos, o pobre infeliz clamou ao Senhor e Ele destruiu os grilhões que prendiam sua alma, deixando-o livre. Deu-lhe um passaporte para o Céu. Consigo imaginar, quando o soldado avançou sua lança na lateral do Salvador, surgiu na mente do ladrão as palavras do profeta Zacarias:

"*Naquele dia haverá* uma *fonte aberta para a casa de Davi, e para os habitantes de Jerusalém, para* purificação *do pecado e da imundícia*" (Zacarias 13.1).

Veja, na conversão desse ladrão, essa *salvação é distinta e separada das obras.*

Algumas pessoas nos dizem que temos de trabalhar para sermos salvos. O que o indivíduo que acredita nisso tem a dizer sobre a salvação desse ladrão? Como ele poderia realizar obras, quando estava pregado na cruz?

Ele creu na palavra do Senhor. É com o coração que as pessoas acreditam, não com suas mãos ou pés. Tudo que é necessário para alguém ser salvo é acreditar com seu coração. Esse ladrão fez uma boa confissão. Se ele tivesse sido um Cristão por cinquenta anos, não poderia ter prestado mais serviço a Cristo do que o fez. Ele o confessou diante do mundo; e, por mil e novecentos anos, essa confissão foi relatada. Mateus, Marcos, Lucas e João, todos a registraram. A consideraram tão importante que pensaram que deveríamos tê-la.

Veja como a *salvação é separada e distinta de todos os regulamentos*

— não somente aqueles que são adequados.

Muitas pessoas pensam ser impossível para qualquer um adentrar no reino de Deus se esse indivíduo não é batizado neste. Conheço homens que se alarmaram muito pelo fato de criancinhas falecerem sem se batizar. Vi-os carregar os corpos pelas ruas porque o pastor não poderia comparecer. Não quero que pense que estou discursando contra o regulamento. O batismo é adequado; mas quando você o coloca no lugar da salvação, está deixando uma armadilha no caminho. Não se pode batizar pessoas para o reino de Deus. A última conversão antes de Cristo perecer na cruz deveria decidir essa questão para sempre. Se você me diz que um homem não pode entrar no Paraíso sem ser batizado, eu respondo, esse ladrão não era batizado. Se ele quisesse passar por esse rito, não creio que poderia ter encontrado alguém para o batizar.

Conheci pessoas que tinham parentes adoecidos e, por não conseguirem um pastor para ir até a sua casa e realizar o sacramento, ficaram angustiadas e perturbadas. Agora, não estou dizendo nada contra o regulamento pelo qual comemoramos a morte de nosso Senhor e lembramos de Seu retorno. Deus me perdoe! Entretanto, deixe-me dizer que este não é necessário para a salvação. Eu posso morrer e ser perdido antes de conseguir alcançar a mesa do Senhor; mas se conseguir alcançá-Lo, serei salvo. Graças a Deus, a salvação está sempre ao meu alcance e eu não tenho de esperar por pastor algum. Esse pobre ladrão certamente nunca partilhou do sacramento. Havia um indivíduo naquela colina que teria fé para acreditar que ele seria salvo? Alguma igreja hoje em dia o receberia como membro? Ele não teve de esperar por isso. No instante que pediu por vida, nosso Salvador a concedeu.

O batismo é uma coisa; o sacramento da Ceia do Senhor é outra; e a salvação através de Cristo é uma ainda mais diferente. Se estamos sendo salvos por meio do Senhor, iremos confessá-Lo pelo batismo, iremos até a Sua mesa e faremos o que Ele desejar. Porém, não faremos dessas coisas obstáculos.

Isso é o que eu chamo de conversão súbita — homens clamando a Deus pela salvação e a obtendo. Certamente você não entendeu, a menos que anseie por isso ou a aceite quando Ele lhe oferecer. Se deseja que Cristo se lembre de você — e o salve — clame a Ele.

Dois lados.

A cruz de Cristo divide toda a humanidade. Existem apenas dois lados, aqueles a favor do Salvador e os que estão contra Ele. Pense nos dois ladrões; dois lados do Filho do Homem, um faleceu enquanto amaldiçoava a Deus e o outro seguiu para a glória.

Que contraste! Pela manhã, ele é guiado para fora, um criminoso condenado; no fim da tarde é salvo de seus pecados. Na alvorada, está amaldiçoando; no início da noite, está dando glórias com um coro de anjos. Na aurora, ele é condenado por homens como alguém não adequado para viver na Terra; no entardecer, é reconhecido como bom o bastante para o Céu. No alvorecer, é pregado à cruz; no fim do dia, no

Paraíso de Deus, é coroado com uma coroa que usará durante todas as eras. No amanhecer, sem alguma piedade; no poente, é lavado e purificado pelo sangue do Cordeiro. Ao nascer do sol, estava na companhia de ladrões e exilados; no crepúsculo, Cristo não sente vergonha de andar de braços dados com ele pelas ruas douradas da cidade eterna.

O ladrão foi *a primeira pessoa a entrar no paraíso*

após o véu do Templo ser rasgado. Se pudéssemos olhar além e vislumbrar o trono, veríamos o Pai ali e Jesus Cristo à Sua direita; e junto estaria aquele ladrão. Ele está lá hoje. Por mil e novecentos anos, ele esteve lá, somente porque clamou em fé:

"*Senhor, lembra-te de mim, quando entrares no Teu reino*".

Sabemos que Cristo morreu um pouco antes do ladrão. Consigo imaginar que Ele queria ir depressa para casa, a fim de deixar um local pronto para seu novo amigo, a primeira alma trazida do mundo com o qual Ele estava morrendo para redimir. O Senhor o amou, pois ele o confessou naquele momento sombrio. Foi um instante difícil para muitos que insultaram o Salvador. Você já escutou sobre a criança que não queria morrer e ir para o Céu porque não conhecia ninguém lá. Porém, o ladrão teria um conhecido. Consigo imaginar como sua alma saltou em seu interior quando ele viu a lança afundar na lateral do nosso Salvador e escutou o clamor:

"*Está consumado!*" (João 19.30).

DEUS NÃO PRECISA DE MUITO PARA FAZER MUITO

Ele desejava seguir Cristo. Estava com pressa para partir, quando chegaram para quebrar suas pernas. Consigo escutar o Senhor dizendo:

"Gabriel, prepare uma carruagem. Vá depressa. Um amigo meu está naquela cruz. Estão quebrando as pernas dele. Logo estará pronto para vir. Vá depressa e traga-o para mim, certo?".

O anjo na carruagem desce do Céu, pega a alma daquele ladrão penitente e retorna rapidamente para a glória. Os portões da cidade estão escancarados e os anjos bradam boas-vindas para esse pobre pecador purificado no sangue do Cordeiro.

E isso, meus amigos, é aquilo que Cristo deseja fazer por você. Esse é o motivo pelo qual Ele desceu do Céu. Foi por isso que Ele morreu. E se Ele concedeu tal salvação rápida para esse pobre ladrão na cruz, certamente Ele fará o mesmo com você se, como o ladrão penitente, houver arrependimento, confissão e confiança no Salvador.

Alguém disse que esse homem "foi salvo na décima primeira hora". Eu não sei em relação a isso. Pode ter sido na primeira hora para ele. Talvez ele nunca tenha conhecido Cristo até que foi levado para a morte ao Seu lado. Essa pode ter sido a primeira vez que ele sequer teve uma oportunidade de conhecer o Filho de Deus.

Quantos de vocês deram seus corações para Cristo na primeira vez que Ele os pediu? Você não está tão distante no dia a dia quanto aquele pobre ladrão?

Alguns anos atrás, em um dos distritos de mineração da Inglaterra, um jovem rapaz compareceu a um de nossos cultos e se recusou a sair do local até que encontrasse paz no Salvador. No dia seguinte, ele desceu no abismo e o carvão caiu sobre si. Quando o resgataram, estava mutilado e amolgado, tendo somente dois ou três minutos de vida restantes. Seus amigos se reuniram ao redor do sujeito, viram seus lábios se movendo e, se curvando para entender suas palavras, escutaram-no dizer:

"Foi algo bom ter resolvido isso noite passada".

Resolva isso agora, meu caro, imediatamente. Comece a confessar agora os seus pecados e ore para que o Senhor se lembre de você. Ele o fará um herdeiro do Seu reino, se aceitar o presente da salvação. Ele é o mesmo Salvador que o ladrão teve. Você não clamará por misericórdia?

....

Uma cruz — e alguém que está pendurado nela, na visão do Céu e da Terra.

Os pregos cruéis são firmes nos pés e mãos trepidantes, o rosto está lívido e alterado com a agonia, a cabeça pende pesadamente; mas ainda de novo e de novo, os olhos exaustos se levantam para buscar pela face d'Aquele que jaz pálido sobre outra cruz. Ele não escuta nenhum grito e nem as vozes zombeteiras da multidão abaixo, não marca nenhum olhar cruel de todos aqueles que observam a cena entristecedora. Enxerga somente aquele rosto sobre a cruz. Oh, longo,

longo olhar, que busca as coisas profundas e temerosas, as quais provêm de Deus!

Em sua primeira agonia e horror, ele havia se juntado a eles com o discurso contra o Senhor, o Cordeiro, que se concedeu naquele dia por nós. Contudo, quando ele encontrou o olhar daqueles calmos olhos — parou naquele instante; pálido e trêmulo, com o coração acometido e fraco perante a visão d'Ele.

....

No decorrer dos lábios pálidos e alegres, sussurraram a trêmula oração: "Oh Senhor, lembre-se de mim!". As tropas Divinas, com seus rostos angelicais, curvando-se acima de seu Rei desfalecido, ficaram certamente comovidas com o clamor. Ninguém de todo o exército brilhante havia ousado falar com Ele naquele terrível momento de angústia, quando Céu e Terra estavam tremendo e espantados. No entanto, vejam só! A voz de um que fala com Ele, que ousa orar: "Oh Senhor, lembre-se de mim!". Um homem pecador pode fazer seu apelo lamentável para Cristo, para o Amigo do transgressor, quando os anjos não ousam falar. E docemente a resposta surge, dos lábios enfraquecidos.

Oh, estranha e solene alegria a qual irrompeu no rosto fraco daquele que ali recebeu a promessa: *"Tu estarás no Paraíso nesta noite, nesta noite comigo"*.

....

Oh Cristo, o Rei! Nós também vagamos nas colinas do deserto, embora escutando o Teu chamado, ecoando docemente de manhã e no porvir. Não chegaremos até Ti até que tenhas nos pregado em uma amarga cruz. E nos *feito* olhar para a Tua, para que por fim clamamos a Ti, tremendo e em prantos. — Tu nos encara com amor, sem repreensão, e promete o reino!

....

Um trono — e alguém que se ajoelha diante deste, abaixando-se em uma nova e silenciosa alegria.

É noite na Terra. As sombras caíram como orvalho sobre as colinas ao redor da Cidade Sagrada, mas acima, além da parte escura do céu, após as belas estrelas, eles se encontram outra vez em paz e glória. O céu é confortado — pois aquela estranha guerra está completa agora, seu Rei retornou com alegria: e um daqueles que observou a distante alvorada em uma prisão sombria, e foi pendurado ao meio-dia na amarga cruz, está ajoelhado em Seus pés, provando agora a tão doce abertura de uma infinita felicidade.

DEUS NÃO PRECISA DE MUITO PARA FAZER MUITO

Perguntas para reflexão e estudo

1. Que sensação temos diante do fato de Cristo ter salvado esse ladrão?
   _____
   _____

2. Que convicção esse ladrão teve?
   _____
   _____

3. Que elementos encontramos em sua confissão?
   _____
   _____

4. Qual promessa ele ouviu do Redentor?
   _____
   _____

5. O que Jesus ensina sobre a salvação ao perdoar o ladrão da cruz?
   _____
   _____

"Graças a Deus, a salvação está sempre ao meu alcance, e eu não tenho de esperar por pastor algum. Esse pobre ladrão certamente nunca partilhou do sacramento. Havia um indivíduo naquela colina que teria fé para acreditar que ele seria salvo? Alguma igreja hoje em dia o receberia como membro? Ele não teve de esperar por isso. No instante que pediu por vida, nosso Salvador a concedeu." — D. L. Moody.

LÓIDE

Abraham Kuyper

DEUS NÃO PRECISA DE MUITO PARA FAZER MUITO

"Trazendo à memória a fé não fingida que em ti há, a qual habitou primeiro em tua avó Lóide, e em tua mãe Eunice, e estou certo de que também habita em ti"
(2 Timóteo 1.5)

Lóide tem o honroso papel de "avó" nas Escrituras. Nelas, a grande importância da avó na família nos é revelada. Ela representa, entre as mulheres da Bíblia, a influência espiritual única que resulta de sua posição peculiar.

Não há dúvida de que Lóide era uma crente. Parece que, quando Paulo enviou sua segunda carta a Timóteo, ela já havia falecido. Somos informados da fé não fingida *"a qual habitou primeiro em tua avó Lóide"* (2 Timóteo 1.5). O que nos interessa destacar aqui é que essa fé não foi enterrada com ela, mas passou para sua filha Eunice e, posteriormente, para seu neto Timóteo. Portanto, vemos três elos de uma corrente espiritual. Um relacionamento espiritual paralelo ao relacionamento de sangue. Aos laços de sangue são acrescentados os laços de fé. É Deus quem dá fé, mas, como vemos frequentemente, esse fato ocorre frequentemente como resultado da Aliança da Graça. Embora haja exceções, é mais comum que apareça em uma família cristã do que em uma família pagã.

A regra, e não a exceção, é que os eleitos apareçam em famílias em que haja tradição cristã, principalmente quando a mãe e a avó pertencerem ao Senhor. A Graça refletida no batismo satura toda a educação em um ambiente cristão. Tende a se tornar uma tradição familiar. Daí, vemos que Paulo se lembra de Lóide e Eunice com amor.

Os serviços que uma mãe pode realizar para que o neto nasça e cresça na Graça são mais proeminentes quando o elo do meio está faltando: quando a mãe não é crente. Mas, mesmo quando a avó está, ela tem muitas oportunidades, tanto quando os filhos ainda estão em casa quanto no momento em que saem. A mãe está muitas vezes mais ocupada e cansada. A vida da avó pacifica as coisas; seu rosto revela maior calma e paz. E, quando os netos entram em sua esfera de influência, a avó pode estampar a fé neles por meio de seu exemplo e admoestação. Nesse sentido, a avó pode ser, em alguns casos, até mais eficiente que a mãe, mais ativa e menos experiente por sua vez. A avó não deve ser dominadora dos netos, em vez disso, pode dar a eles e aos filhos a bênção única que uma pessoa madura e espiritualmente experiente pode proporcionar.

Perguntas sugeridas para estudo e discussão:

1. A influência da vida de Lóide contribuiu para a salvação de Timóteo?

   _____
   _____
   _____

2. Timóteo recebeu fé de Eunice?

   _____
   _____
   _____

3. Que lição podemos aprender do relacionamento entre Lóide, Eunice e Timóteo?

   _____
   _____
   _____